INTEGRANDO
CREATIVIDAD
en CADA PARTE de Su
PROGRAMA EDUCATIVO

Dra. Cyndi Burnett y Julia Figliotti

Una Publicación de

knowinnovation

Título original: Weaving Creativity into Every Strand of Your
Curriculum

© 2017 Dra. Cyndi Burnett y Julia Figliotti
Knowinnovation Inc.
1207 Delaware Avenue
Buffalo NY, 14209-1458, US
http://www.knowinnovation.com

Primera publicación en Los Estados Unidos de América en 2015
Traducción al Español por Karina Loera Bárcenas en 2017.
Diseño del Libro y Gráficos: ebook-designs.co.uk

ISBN- 978-0-9964775-6-7

AGRADECIMIENTOS

A Nuestros colegas, Andy Burnett, Eileen Burnett, John Cabra y Susan Keller-Mathers: Gracias por prestarnos sus ojos y opiniones para nuestro libro.

También nos gustaría extender un agradecimiento especial a la Universidad Autónoma de Bucaramanga en Colombia y a todos quienes han contribuido con este libro: expertos en creatividad, educadores, padres, estudiantes, profesionales y más.

Mario O. Aguirre González, Garth Aldrich, Karina Loera Barcenas, Najja Bouldin, Mike Bridge, Clay Bunyard, Matthew Christian, Heather Clemmer, Shantel Coleman, Christina Coyle, Marta Davidovich, Daniel Laó Dávila, Urbie Delgado, Barbara Denney, Cecelia Fichter DeSando, Kathysue Dorey, Newell Eaton, Claire Lewis Evans, David Eyman, AMy Kashuba-Shanahan, Aubrey Kenneth Fisher, Janice Francisco, Robert Frantz, Jonathan Garra, Mark Gerl, Karen Gibson, Dan Greenberger, Jane Harvey-Gibbs, Amy Griesmer, Katie Haydon, David Hoffman, Mim Hoffman, Dixie Hudson, Stanton H. Hudson, Jr., Sasha Johnson,

Miriam Kelley, Felix-Kingsley, Dee Langsenkamp, Josh Manahay, Ismet Mamnoon, Mario Manzi, Maria Marinaccio, Brad Matson, Daneen McDermott, Daniel Medeiros, Mattia Miani, Mark Morvant, Kimberley Murch, Dana Myers, Jean Nitchals, Paul Nordquist, Kelly O'Toole, Tony Pagliaroli, Caroline Pakel, Celia Pillai, Jenn Portratz, Lina Pugsley, Donna Ray, Julia Roberts, Mariana Rodrigues de Almeida, Shawn Rose, Ian Rosenfeldt, Russell Schneck, Russ Schoen, Troy Schubert, Pam Bochinski Simmeth, Stephanie Simon, Maura Sirena, Jenna Smith, Courtney Belluccio Sprague, Lauren St. George, Doug Stevenson, Randah Taher, Jon Tanzey, Panteli Tritchew, Taylor Upchurch, Marta Villanueva, Shawn Warnes, Emily White, Ayse Wiediger, Laszlo Wollner, John Yeo, MaryBeth Zacharias, Courtney Zwart

Nuestros contribuidores en Twitter incluyen:

@BhargavPurohit, @danishbuddha, @dikwizdumbsvc, @FirstLazy, @gaudetj_99, @HughdjNicklin, @PanteliT, @Publishar, @QuartzCrystals, @ReMeij, @theezetster, @URC_Bob, @Vicaro, @visuele, @xraytext

CONTENIDO

INTRODUCCIÓN

El fomento de creatividad es un aspecto esencial de la educación moderna. Probablemente esté de acuerdo, de otro modo quizá no hubiera escogido este libro. Pero, ¿cuándo llegó a esta conclusión? Quizá vio una "Ted talk" [1] de Sir Ken Robinson en creatividad y las escuelas, la cual ha inspirado a millones a pensar en la educación desde una nueva perspectiva. También puede ser que ha estado leyendo acerca de las habilidades requeridas en el siglo XXI [2] y ha notado el énfasis en solución de problemas, creatividad e innovación. O quizá ha invertido tanto tiempo enseñando a sus estudiantes las respuestas "correctas" que teme que hayan perdido la oportunidad de generar múltiples soluciones.

De cualquier manera, usted ha llegado hasta aquí y hay una buena posibilidad de que quiera incorporar creatividad en su salón de clases. Es posible que también, como muchos maestros con los que hemos trabajado, se encuentre batallando con tres preguntas:

---

1 http://www.ted.com/talks/ken_robinson_says_schools_kill_creativity
2 http://www.p21.org/storage/documents/21st_century_skills_education_and_competitiveness_guide.pdf

1. ¿Qué queremos decir con "Creatividad"?

2. ¿Cómo fomentar la creatividad en el salón de clases?

3. ¿Cómo encontrar tiempo suficiente para incorporar creatividad en el –ya saturado programa de estudios?

Afortunadamente, el propósito de este libro es darle respuestas sólidas y prácticas para las tres preguntas anteriores. Nuestro propósito es ayudarle a entender qué es creatividad y cómo puede ser integrada en su actual programa educativo sin tomar tiempo adicional de la clase. Comencemos con responder las tres preguntas.

¿QUÉ QUEREMOS DECIR CON "CREATIVIDAD"?

Encontrar una definición de creatividad no es difícil. De hecho, probablemente exista el mismo número de definiciones que de investigadores en creatividad. Tratar de crear una definición sencilla que pueda comprenderlo todo, desde cómo resolver un problema matemático en una nueva forma, hasta subir el ánimo a través de dibujar sus emociones, puede ser algo complicado. Creatividad es un tema multifacético y la variedad de definiciones nos ayuda a tener un mejor entendimiento de su naturaleza.

Aunque existen muchas y diferentes definiciones de creatividad, en lo últimos cincuenta años la comunidad de investigadores poco a poco se ha inclinado hacia una definición que se ha convertido en la definición de facto. Dicha definición describe a la creatividad como "la generación de ideas nuevas y útiles". [3] Este es un comienzo razonable, y nos da una buena forma de pensar acerca de la materia. De cualquier manera, como usualmente es el caso con frases cortas –que tratan de abarcarlo todo, excluye mucho de lo que significa ser creativo y no necesariamente nos ayuda a entender cómo se ve la creatividad en un salón de clases.

Afortunadamente, E. Paul Torrance, quien es conocido como el Padre de la Creatividad[4] en la educación, realizó una investigación exhaustiva definiendo creatividad y la posibilidad de enseñarla.

---

3 Stein, M.I. (1974). Stimulating creativity. New York, NY: Academic Press.
4 Millar, G.W. (1995). E. Paul Torrance: The creativity man. Westport, CT:Praeger.

Mientras su trabajo es completamente compatible con la definición estándar, también nos da una perspectiva diferente. El trabajo de Torrance y Safter identifica un compendio de habilidades que los niños utilizan cuando son creativos.[5] Lo maravilloso de estas habilidades es que nos ayudan a entender ambas cosas: cómo podemos enseñar creatividad y en qué fijarnos para saber si se está teniendo un impacto en la creatividad de los estudiantes.

Este libro se enfoca en doce de las habilidades que creemos son esenciales para la enseñanza creativa. Las habilidades son:

- Producir y Considerar Muchas Alternativas
- Disfrutar y Usar la Fantasía
- Resaltar la Esencia
- Mirarlo de Otra Forma
- Utilizar el Juego y el Humor
- Ser Original
- Ser Consciente de las Emociones
- Poner las Ideas en Contexto
- ¡Hacerlo Girar! ¡Hacerlo Sonar!
- Mantener una Mente Abierta
- Vislumbrar el Futuro
- Romper y Extender los Límites

---

5 Torrance, E.P., & Safter, H.T. (1999). Making the creative leap beyond... Buffalo, NY: Creative Education Foundation Press.

Adicionalmente, en nuestra experiencia enseñando solución creativa de problemas, hemos encontrado que las siguientes habilidades son sumamente valiosas en la educación:

- Curiosidad
- Aceptar el Reto.
- Mantenerse Presente y Consciente.
- Tolerar la Ambigüedad.

Estas dieciséis habilidades forman la base de lo que creemos es importante para la creatividad en la educación.

¿CÓMO PODRÍA USTED INCORPORAR ESTAS HABILIDADES EN SU SALÓN DE CLASES SIN TENER QUE HACER USO DE TIEMPO ADICIONAL?

Una vez que elegimos las dieciséis habilidades del pensamiento creativo, que creemos son esenciales, fuimos a escuelas, clases y conferencias y recolectamos técnicas y estrategias de educadores en todo el mundo para poder integrar estas habilidades en diferentes tipos de salones de clases. Esto resultó en una colaboración de más de 150 educadores generando más de 800 ideas de cómo incorporar deliberadamente estas habilidades en la educación.

En cada uno de los siguientes capítulos, usted encontrará una descripción de la habilidad, la investigación que la respalda, diferentes maneras de integrar la habilidad en su programa educativo, el lenguaje para mejorarlo y fomentarlo y algunos consejos para ayudarle en el camino.

Le sugerimos utilice el libro de la siguiente manera: lea los capítulos uno a uno y coloque un Post-it ® a un costado de la idea que le gustaría experimentar. Después, comience con una que le sea fácil implementar. Por ejemplo, quizá le gustó la idea de tener una esquina de la curiosidad en el salón de clases durante la semana de Dr. Seuss. Ponga un letrero en una mesa invitando a los estudiantes a dejar notas acerca de aquello que les causa curiosidad relacionado con Dr. Seuss. Hay muchas ideas que usted puede cambiar o ajustar para que apliquen perfecto en su salón de clases.

Otra estrategia que sugerimos es encontrar una lección existente que usualmente no es tan interesante para el grupo y utilizar alguna de las técnicas para hacerla más

> **"LEA LOS CAPÍTULOS UNO A UNO Y COLOQUE UN POST-IT ® EN UN COSTADO DE LA IDEA QUE LE GUSTARÍA EXPERIMENTAR."**

vívida. Por ejemplo, imagine que tiene elaborada una lección un poco "aburrida" acerca del transporte en tren. Podría utilizar la habilidad "Mírelo de Otra Forma" e invitar a sus alumnos a pensar en diferentes maneras en las que podrían transportar algo en comparación con un tren. Por ejemplo, ¿cómo se vería que un cerdito en tacones mueva una caja?

Algunas de las ideas que lea quizá no le parezcan relevantes. De cualquier manera, le pedimos que se mantenga abierto y que nos permita despertar su imaginación. Estas ideas vienen de maestros, y pueden ser fácilmente modificadas para ajustarse a su programa educativo.

Una vez que haya probado estas ideas, acceda a nuestra página de Facebook[6] para leer y compartir sus experiencias, y cualquier otra idea que usted haya generado. Y no olvide echar un vistazo a Pensamiento Creativo para el Salón de Clases,[7] un curso en línea con videos cortos creados para introducir e incorporar deliberadamente solución creativa de problemas en su salón de clases.

6 https://www.facebook.com/WeavingCreativity
7 http://udemy.com/the-creative-thinking-course-for-teachers

CURIOSIDAD

TENER EL DESEO DE DESCUBRIR, APRENDER O CONOCER.

Se ha preguntado ¿Por qué el cielo es azul? ¿Qué hace que el pasto sea verde? ¿Qué hace ese botón? Nuestras vidas son construidas alrededor de las preguntas que hacemos y las respuestas que descubrimos. Cuando como humanos no entendemos algo, nuestro instinto básico nos indica que lo debemos resolver. A través del tiempo, esos instintos pueden verse reprimidos o puestos a un lado –pero, ¿por qué?

Esta habilidad se trata de reforzar el deseo interno por aprender y aunque el aprendizaje es el foco central de los salones de clases y del sistema de educación, la curiosidad por sí misma puede lograrlo con mucha más atención. La curiosidad cultiva la motivación intrínseca –la motivación que viene simplemente de disfrutar y del interés por la actividad misma en lugar de recompensas externas. Esto nos lleva a un aprendizaje más motivante y divertido dentro y fuera del salón de clases.

Cuando los estudiantes tienen curiosidad natural por un tema es más probable que aprendan más y que recuerden la información por más tiempo.[8] ¿Alguna vez ha platicado con alguna niña que puede decirle todo sobre los dinosaurios porque fue lo suficientemente curiosa para encontrar todo lo que había que descubrir? La curiosidad de esta pequeña, que es una característica presente en todos los niños,[9] disminuye en los adolescentes y adultos.[10]

CONSEJOS PARA FOMENTAR LA CURIOSIDAD EN EL SALÓN DE CLASES

1. Dedicar algún tiempo a formular preguntas abiertas, preguntas que no tienen respuestas únicas.

2. Pedir a los alumnos que compartan lo que se preguntan constantemente.

3. Cuando los estudiantes pregunten, no vaya inmediatamente a darles "la respuesta". Primero pregunte: "¿Y usted qué piensa?". Constantemente nos enfocamos en dar respuestas, pero el permitirle a los estudiantes que piensen acerca de sus propias

---

8 Engel, S. (2009). Is curiosity vanishing? Journal of the American Academy of Child & Adolescent Psychiatry, 48(8), 777-779.
9 Bosses, S.,Jacobs, G., & Anderson, T.L. (2009). Science in the air. Young Children, 64(6), 10-15.
10 Agosto, D.E., & Hughes-Hassell, S. (2005). People, places, and questions: An investigation of the everyday life information-seeking behaviors of urban young adults. Library & Information Science Research, 27(2), 141-163.

preguntas puede resultar muy poderoso.

4. Inculque a sus estudiantes a formular preguntas más allá del "¿Por qué?".

5. Activamente pregúntese cómo es que sus estudiantes perciben el mundo.Cuando tiene conocimiento de las perspectivas de sus estudiantes, usted puede entenderlos de una manera más profunda.

6. Esté al pendiente de los intereses de sus estudiantes y haga preguntas relacionada con dichos intereses.

7. Reconozca la curiosidad y el cuestionamiento de sus estudiantes. Cuando un estudiante haga una pregunta interesante, diga, "¡Esa es una excelente pregunta!"

8. Evite la sobre-estimulación. Algunas veces cuando nos enfocamos en cosas simples, la curiosidad simplemente aparece.

9. Ponga la siguiente lista en su salón: http://www.brainpickings.org/2012/08/24/how-to-be-an-explorer-of-the-world-keri-smith/

IDEAS QUE PUEDE IMPLEMENTAR RÁPIDAMENTE

10. Tome un objeto relacionado con la lección del día y manténgalo cubierto en el centro del salón mientras da la lección, revele el objeto al final de la clase.

11. Cree "la mascota de la creatividad" para la clase: Capitán Curiosidad, La Mujer Preguntona, etc.

12. Fomente que los estudiantes hagan sus propias preguntas "¿Qué pasaría si...?" a sus compañeros de clase.

13. Provea a los estudiantes con lupas, binoculares, microscopios digitales, etc. y haga que exploren cosas en el salón.

14. Utilice "los 5 ¿Por qué?" para responder preguntas complicadas: http://www.sixsigma.com/tools-templates/cause-effect/determine-root-cause-5-

> **" PROVEA A LOS ESTUDIANTES CON LUPAS, BINOCULARES, MICROSCOPIOS DIGITALES, ETC. Y HAGA QUE EXPLOREN COSAS EN EL SALÓN".**

whys/

15. Provea a los estudiantes con fragmentos o historias y pídales que hagan el mayor número de preguntas posible sobre dicha historia.

16. Cuando los estudiantes tengan alguna duda o cuestionamiento, pregúnteles en dónde podrían encontrar la respuesta –sin utilizar internet.

17. Cuando los estudiantes estén aprendiendo cómo funciona un objeto, separe las piezas del mismo: un celular viejo, una batidora que ya no funcione, una aspiradora descompuesta, etc.

18. Pida a los estudiantes que desprendan objetos para explorarlos (abrir una flor, una semilla, una fresa, una roca, etc.), y que sean curiosos acerca de lo que descubran.

19. Háganse preguntas acerca de lo que leen en los libros. Aprendan cosas juntos. Por ejemplo, en un libro con un personaje que es un murciélago, podría derivar en preguntarse acerca de murciélagos y aprender más sobre ellos.

20. Explore diferentes culturas. Sean curiosos y aprendan acerca de cómo viven, juegan, bailan y hacen música

otras personas.

21. Comparta cosas que despierten su propia curiosidad con sus estudiantes.

22. Tome un mapa y pregúntese cómo sería vivir en diferentes partes del mundo. Encuentre maneras (libros, internet, enciclopedias viejas, etc.) para experimentar una aventura visual.

23. ¡Motive a los estudiantes a hacer preguntas que usted no puede contestar!

24. Organice una búsqueda del tesoro en la biblioteca. Comparta una pregunta con los estudiantes y organicen una búsqueda de las respuestas en la biblioteca.

25. Pida a sus estudiantes que exploren revistas viejas y que desprendan imágenes por las que sientan curiosidad y que les gusten. Generen un collage.

26. Visite la página http://wonderopolis.org/ y revise cuál es la pregunta del día. Compártala y discuta con sus estudiantes.

27. Comience la clase con un video de YouTube que refleje el tema de la clase.

28. Prepare un contador regresivo al iniciar la clase.

29. Pregunte a sus estudiantes qué creen que ellos habrán aprendido al final del semestre.

30. Pida a sus estudiantes que observen un tema desde la perspectiva de una persona de dos años de edad, con la curiosidad que se tiene a los dos años.

31. Antes de comenzar con cualquier lección, pida a los estudiantes que generen al menos 20 preguntas con respecto al tema que está por ser presentado.

32. Invite a los estudiantes a que generen tres preguntas que no se respondieron después de la lección y pídales que busquen las respuestas como parte de la tarea.

33. Pida a los estudiantes que visiten una biblioteca pública y que hagan una búsqueda en revistas de temas de los que tienen poco conocimiento.

34. Pida a los estudiantes que lleven un registro del número de preguntas que hacen por día –después, rételos a que incrementen dicho número.

¡UN POCO MÁS DE IDEAS!

35. Genere un coeficiente de curiosidad: un número de preguntas curiosas como meta de la clase por día.

36. Crear un árbol/pared de la curiosidad: un lugar en donde los estudiantes puedan capturar preguntas que se les ocurran durante el día.

37. Haga preguntas del tipo: "¿Qué pasaría si...?" ¿Qué pasaría si tuviéramos cuatro piernas en lugar de dos? ¿Qué pasaría si no hubiera tiendas para comprar comida? ¿Qué pasaría si el mundo fuera sólo de agua y no hubiera tierra?

38. Pida a sus estudiantes que generen un diario de preguntas, un lugar en donde puedan escribir preguntas que despierten su curiosidad.

39. Pregúntese, piense, aprenda, comparta. Haga que los estudiantes identifiquen algo que siempre se han preguntado. Luego pídales que piensen en sus propias respuestas (las respuestas no tienen que ser correctas). Haga que los estudiantes aprendan algo acerca de aquello que se han estado preguntando y que lo compartan con el grupo.

40. ¡Organicen una aventura de curiosidad! Estas

aventuras pueden ser elaboradas visitas fuera de la escuela o una simple aventura en el pasillo. La clave es tener una actitud de aventura e intencionalmente provocar que la curiosidad y el descubrimiento aparezcan. Pruebe una aventura de curiosidad en el barrio de la escuela. Tomen una caminata de esparcimiento y deje que sus estudiantes sigan sus curiosidades. Caminen lento, observen, escuchen, toquen, jueguen, y exploren.

41. Comience una colección de objetos interesantes y elija alguno para explorar. Proporcione la sorpresa de un nuevo objeto para explorar y para disparar la curiosidad. Permita tiempo para que los estudiantes exploren el objeto, hagan preguntas, descubran y se diviertan.

42. Organice "El día de las preguntas", y observe cuántas preguntas pueden formular sus estudiantes. Escríbalas y léalas al final del día. Seleccione algunas preguntas de las cuales pueden aprender y pida a

> "LA CLAVE ES TENER UNA ACTITUD DE AVENTURA E INTENCIONALMENTE PROVOCAR QUE LA CURIOSIDAD Y EL DESCUBRIMIENTO APAREZCAN. PRUEBE UNA AVENTURA DE CURIOSIDAD EN LA ESCUELA".

los estudiantes que compartan lo que han aprendido con su familia en casa.

43. Designe una "Esquina de la Curiosidad" en su salón de clase. Genere un lugar divertido para sus estudiantes. Como clase, coloquen objetos en dicho espacio para disparar la curiosidad. Recopile y exhiba objetos de sus aventuras de curiosidad.

44. Comparta con sus estudiantes un documento para leer omitiendo algunas de las palabras. Los estudiantes deben identificar qué ha sido omitido.

45. Muestre a sus estudiantes un objeto común y pídales que piensen tantas preguntas como puedan acerca del mismo.

46. Organice una fiesta de la curiosidad, y celebre todas aquellas cosas que usted y sus estudiantes aún no saben pero que les gustaría aprender. Puede llamarle "La Fiesta del Aún No Sabemos...".

47. Reparta a sus estudiantes un examen con las respuestas, y los estudiantes deben generar las preguntas. La calificación puede estar basada en qué tan interesantes y novedosas son las preguntas.

48. Pida a los estudiantes que dediquen una hora a leer

una enciclopedia y motívelos a seguir las conexiones en las referencias. Genere una discusión en la clase sobre los descubrimientos y aprendizajes inesperados.

49. Cree una caja misteriosa y llénela con juguetes y objetos de diferentes tamaños, formas y texturas. Pida a los estudiantes que tomen alguno de los objetos sólo tocándolos dentro de la caja (sin sacarlos de la misma). Pregunte a los estudiantes, "¿Qué aroma crees que tiene el objeto? ¿Para qué crees que sirve? ¿Qué sabor tiene? ¿Qué podría ser el objeto?".

50. Reprima la curiosidad de sus estudiantes por un día. No permita preguntas, y no permita a los estudiantes investigar por sí mismos. Al final del día discuta la importancia de la curiosidad.

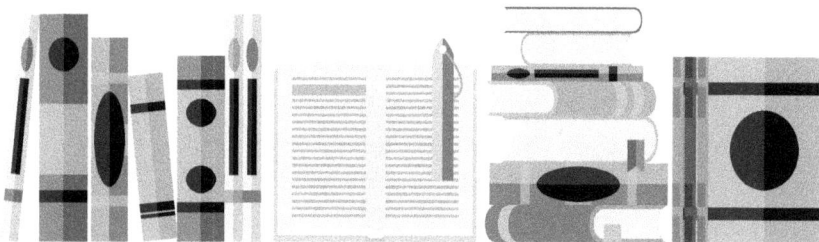

LENGUAJE PARA CURIOSIDAD

- Las cinco preguntas: ¿Quién? ¿Qué? ¿Dónde? ¿Por qué? ¿Cómo?
- Me pregunto...
- ¡Eso es interesante!
- ¡Wow! ¡Mira eso!
- Veamos más de cerca.
- ¿Qué notan?
- ¿Qué piensan?
- ¿Qué se preguntan?
- Vamos a explorarlo.
- ¡Excelente pregunta!
- Vamos a averiguarlo.
- ¡Eres muy curioso!
- ¿Qué es eso?
- ¿A quién le causa curiosidad esto?
- Me da curiosidad.

¿TIENE ALGUNAS OTRAS IDEAS PARA INTEGRAR LA CURIOSIDAD EN SU PROGRAMA EDUCATIVO? SI ES ASÍ, ¡ESCRÍBALAS AQUÍ!

....

....

....

....

....

....

....

....

....

....

....

ACEPTAR EL RETO

ACEPTAR LOS RETOS EN UN PROBLEMA –ACTITUD DE SOLUCIÓN.

¿Qué pasaría si pudiera ver cada obstáculo como una oportunidad? ¿Qué pasaría si cada problema se convirtiera en un ejercicio de aceptación y mente abierta? ¿Qué pasaría si cada situación se convirtiera en una oportunidad de crecimiento?

Esta habilidad consiste en desarrollar una actitud de estar abiertos a ver los retos como oportunidades. En estos días y a esta edad, la mayoría de nosotros mantenemos el limitante punto de vista de que todos los retos equivalen a problemas alarmantes. Y aunque algunos de esos problemas pueden ser frustrantes, estresantes y molestos, es importante no permitir que ese potencial se transforme en una profecía autocumplida. La clave para Aceptar el Reto es no bloquearse por el estrés de la situación sino seguir pensando, y ver el reto desde una perspectiva más productiva.

En general, esta habilidad es un pilar para el pensamiento

creativo. Algunos estudios han demostrado que el mantener una mente abierta frente a los retos está directamente conectado con la habilidad de producir numerosas y novedosas alternativas. [11][12] Al incorporar esta habilidad en actividades diarias dentro del salón de clases así como en las lecciones, será más probable que los estudiantes incrementen sus niveles personales de desempeño creativo. [13]

Las siguientes ideas nos muestran la incorporación de aceptar retos en un plan educativo.

SUGERENCIAS PARA ACEPTAR EL RETO EN EL SALÓN DE CLASES

1. Use la palabra "reto" constantemente.

2. Ayude a los estudiantes a identificar los retos conforme vayan apareciendo.

3. Cuando un estudiante reclame o se queje, hágalo expresar la queja como un reto en forma de pregunta abierta. Por ejemplo: "No me gusta leer",

---

11 McCrae, R.M.(1987). Creativity, divergent thinking , and openness to experience. Journal of Personality and Social Psychology, 52(6), 1258-1265.
12 Williams, S.D. (2004). Personality, attitude, and leader influences on divergent thinking and creativity in organizations. European Journal of Innovation Management, 7(3), 187-204.
13 George, J.M., & Zhou, J. (2001). When openness to experience and conscientiousness are related to creative behavior: An interactional approach. Journal of Applied Psychology, 86(3), 513-24.

puede ser parafraseado como "¿Cómo podría encontrar lecturas que me gusten? Puede utilizar las siguientes frases para iniciar estas preguntas abiertas ¿Cómo...? ¿Cómo podría...? ¿Cuáles podrían ser todas las formas en las que...?

4. Defina las tareas como retos.

5. Esté dispuesto a admitir sus propias limitaciones y comparta con sus estudiantes qué es lo que hace para superar y compensar esas limitaciones.

6. Premie y enfóquese en los esfuerzos, así como lo hace con los éxitos (Vea Mindset de Carol Dweck[14]).

7. Impulse a sus estudiantes a ir más allá de su zona de confort. Ayúdelos a aceptar la sensación de incomodidad y hágalos sentir que están en un

> " IMPULSE A SUS ESTUDIANTES A IR MÁS ALLÁ DE SU ZONA DE CONFORT. AYÚDELOS A ACEPTAR LA SENSACIÓN DE MOLESTIA, Y HÁGALOS SENTIR QUE ESTÁN EN UN AMBIENTE SEGURO".

---

14 Dweck, C.S. (2007). Mindset: The new psychology of success. New York, NY: Ballantine Books.

ambiente seguro.

8. Provea a sus estudiantes con los recursos necesarios para trabajar con retos.

9. Haga que sea divertido: resalte la parte divertida de los retos o motive a sus estudiantes para que ellos mismos hagan que la actividad sea más divertida.

10. Reconozca en sus estudiantes varios aspectos que conlleva el tomar y enfrentar retos: perseverancia, tomar riesgos, recursividad, alcanzar el éxito, el fracaso, cometer errores, etc.

11. Trate el fracaso y los errores como parte del camino hacia el éxito.

12. Elimine la crítica innecesaria. Cree un ambiente positivo.

13. Recuerde a sus estudiantes que puede haber más de una respuesta correcta.

14. Encuentre momentos para premiar la fluidez (la capacidad de generar muchas ideas) en lugar de la precisión.

15. Rete a sus estudiantes y a usted mismo más allá de la norma. Un elástico es útil cuando se estira –¡así como sus estudiantes cuando usted logra que salgan de su zona de confort!

IDEAS QUE PUEDE IMPLEMENTAR RÁPIDAMENTE

16. Prepare un reto semanal para sus estudiantes.

17. Explore la diferencia entre un problema y un reto.

18. Utilice acertijos en el salón de clase.

19. Jueguen con retos que requieran cooperación y trabajo de equipo.

20. Asigne a sus estudiantes actividades retadoras para hacer con sus familiares o amigos en casa.

21. Comparta frases que hablen de retos y acerca de mantener una actitud positiva.

22. Asigne reconocimientos o premios de forma semanal o mensual para estudiantes que demuestren una actitud de solución de problemas. Pida a los estudiantes que nominen a otros.

23. Permita que los estudiantes tomen un descanso de pensar en el reto y hagan algo con las manos que no requiera mucho pensamiento (dibujar, jugar con plastilina, etc.). Utilice esta oportunidad para enseñar a sus alumnos los beneficios de la incubación (tiempo para que las ideas se asienten).

24. Identifique las partes más complejas y más sencillas de un reto.

25. Utilice la gamificación. Convierta las actividades dentro del salón de calses en juegos.

26. Observe retos grandes y trabaje con los estudiantes para desglosar el reto en retos más pequeños.

27. Ayude a los estudiantes a visualizarse en el otro lado del reto. ¿Cómo se ve el cumplimiento exitoso del reto? ¿Cómo se siente?

28. Pida a los estudiantes que de forma anónima enlisten los resultados deseados del reto. Motívelos a que no se limiten.

29. Permita que sus estudiantes expresen sus miedos y preocupaciones con respecto al reto. Utilice un diario u otras formas de expresión para considerar los aspectos emocionales de aceptar retos.

30. Pida a sus estudiantes que dibujen el reto.

31. Tome un problema y trabajen en él como un equipo. ¿Podemos hacer una lluvia de ideas para superar este reto?

32. Pida a sus estudiantes que piensen acerca de cómo su educación podría cambiar el mundo.

33. Genere oportunidades para los estudiantes en las que puedan aplicar su conocimiento en un pasatiempo, o cualquier otra área de interés.

34. Relacione el reto con aquello que apasiona a sus estudiantes. ¿Cómo es que el reto se conecta con cosas que sus estudiantes aman? ¿Cómo podrían utilizar aquello que aman para direccionar esa pasión?

35. Examine por qué una tarea resulta complicada o difícil. Ayude a sus estudiantes a articular los retos asociados con la tarea.

36. Permita que los estudiantes re-introduzcan el reto, re-formulándolo con sus propias palabras.

37. Haga que los estudiantes "actúen" el reto.

38. Pida a los estudiantes que fracasen en un reto o tarea, o que identifiquen maneras en las que pueden fracasar.

39. Comparta con sus estudiantes frases con respecto a los retos como "Roma no se construyó en un día", "La genialidad es 10% inspiración y 90% transpiración", o "Nada increíble se ha logrado sin entusiasmo".

40. Designe una pared en su salón en donde se muestren fracasos de personas famosas.

41. Rete a sus estudiantes a crear un juego basado en un tema de la clase o para una revisión de conocimientos.

42. Pida a sus estudiantes que investiguen entre ellos quiénes han enfrentando y superado retos similares.

43. Rete a sus estudiantes a probar que usted está equivocado.

44. Invite a sus estudiantes a inventar algo que haría que un problema sea menos retador.

45. Pida a sus estudiantes que compartan cómo resolvieron un problema.

46. Pida a sus estudiantes que identifiquen cuál sería la parte más complicada de un trabajo, tarea, o proyecto.

¡UN POCO MÁS DE IDEAS!

47. Elimine la presión de evaluar tareas asociadas con el reto. Utilice nuevos conceptos como "sin calificación" y gradualmente incluya tareas o trabajos con evaluaciones o calificaciones.

48. Presente un reto de aprendizaje al inicio del año, por ejemplo: aprender a hacer malabares, hacer

trucos de magia, comer con palillos, o resolver un cubo Rubik. Luego organice una celebración al final del año en la que los estudiantes demuestren lo que aprendieron.

49. Cree una nueva forma en la que los estudiantes trabajen para solucionar un problema con otros estudiantes alrededor del mundo.

50. Rete a los estudiantes a usar dibujos o mapas mentales (vea http://www.mindtools.com/pages/article/newISS_01.htm) para representar problemas, procesos y/o entender un tema.

LENGUAJE PARA ACEPTAR EL RETO

- Este es un reto.
- Parece que esto es un reto.
- Tengo un reto para ustedes.
- Ustedes están trabajando en un reto.
- Vamos a pensarlo.
- Vamos a tomar un respiro y verlo de nuevo.
- Me siento frustrado(a).
- Se ven frustrados.
- Este es un reto divertido.
- ¿Qué ideas tienen?
- ¿Cómo podríamos...?
- ¿Cómo...?
- ¿Cuáles serían todas las formas en las que ...?
- ¿De qué maneras podríamos...?

¿TIENE ALGUNAS OTRAS IDEAS PARA INTEGRAR "ACEPTAR EL RETO" EN SU PROGRAMA EDUCATIVO? SI ES ASÍ, ¡ESCRÍBALAS AQUÍ!

PRODUCIR Y CONSIDERAR MUCHAS ALTERNATIVAS

GENERAR MUCHAS Y VARIAS OPCIONES O IDEAS.

Cuando ha enfrentado un problema en el pasado ¿Ha tenido que tomar la primera solución que pensó y ponerla en acción? Esto, ¿siempre ha funcionado para usted? Es posible que no, es posible que esa no haya sido la mejor solución para el problema, pero en ese momento le pareció una buena idea.

Esta habilidad consiste en ir más allá de lo obvio y producir una variedad de soluciones, ideas u opciones. Cuando producimos y consideramos muchas alternativas, es más posible que tengamos más soluciones viables y exitosas.[15] De cualquier manera, cuando crecemos, nuestra habilidad de producir más alternativas parece desvanecerse. Durante pre-primaria y el segundo grado, existe un decremento en los rankings de creatividad del

---

15 Torrance, E.P., & Safter, H.T. (1999). Making the Creative Leap Beyond... Buffalo, NY: Creative Education Foundation Press.

74%.[16] Nosotros como maestros somos responsables de mantener esta habilidad viva en nuestros estudiantes.

El acto de producir muchas alternativas es conocido como pensamiento divergente. Para lograr la excelencia en el pensamiento divergente, uno debe ser capaz de poner el juicio a un lado, esforzarse por la cantidad, hacer conexiones y buscar novedad.[17] Poner el juicio a un lado o suspender temporalmente la evaluación de ideas y opciones mientras son generadas, es el principio más importante durante la divergencia. Esforzarse por la cantidad es la habilidad de producir muchas alternativas. Es lo que grandes creadores hacen: son pensadores fluidos que generan muchas posibilidades cuando enfrentan un problema. Hacer conexiones nos motiva a construir sobre las ideas de los demás o a tomar prestadas ideas de otros campos de estudio y buscar novedad fomenta la generación de opciones originales, disparatadas o innovadoras. Estas guías son la clave cuando hablamos de pensamiento divergente y de las herramientas que lo sustentan –incluyendo la bien conocida herramienta Lluvia de Ideas.

Las siguientes ideas presentan la incorporación de producir y considerar muchas alternativas en su programa educativo.

---

16 McGarvey, R. (1990). Creative thinking. USAIR, 36
17 Osborn,A.F.(1957). Applied Imagination. New York, NY:Scribner

CONSEJOS PARA PRODUCIR Y CONSIDERAR MUCHAS ALTERNATIVAS EN EL SALÓN DE CLASES

1. Diseñe una misma lección de distintas maneras.

2. Explore con sus alumnos diferentes maneras de aprender algo.

3. Otorgue un premio al mayor número de ideas.

4. Fomente el pensamiento "¿Qué pasaría si...?".

5. Provea a los alumnos con diferentes materiales para experimentar: cortar, desprender, unir, etc.

6. Como maestro, produzca muchas alternativas de preguntas y retos. Esto motivará a sus estudiantes a hacer lo mismo.

IDEAS QUE PUEDE IMPLEMENTAR RÁPIDAMENTE

7. Pida a sus estudiantes que piensen en diferentes maneras en las que podrían explicar un tema a otra persona.

8. Rete a sus estudiantes a escribir tantas palabras como sea posible con las letras en su apellido.

9. Entrene a sus estudiantes en pensamiento divergente: http://bit.ly/divergentthinkinglesson

10. Utilice diferentes tipos de música.

11. Practique la herramienta lluvia de ideas con su clase. (¿Cuáles podrían ser los todos diferentes usos para la cinta adhesiva? ¿Qué podría hacer del salón de clases un salón perfecto?).

12. Trabajen en grupos para re-definir un problema.

13. Cuando lean una lección, escoja diferentes palabras para enfatizar cómo se puede cambiar el significado del texto.

14. Utilice *Mad Libs*, o haga que sus estudiantes creen los suyos.

15. Enseñe a sus estudiantes acerca de Lluvia de Ideas con notas Post-it. Cada estudiante escribe sus ideas en notas Post-it –una idea por Post-it y las colocan en la pared.

16. Pida a sus estudiantes que piensen ¿cuáles son todas las formas posibles en las que pueden representar _____ (una taza, un ave, etc.)?

17. Estudie el título de un documento. Pida a los estudiantes que piensen de qué podría tratarse el documento.

18. Pida a sus estudiantes que generen cincuenta títulos para representar una historia.

19. Pida a los estudiantes que generen una lista o un dibujo de las conexiones posibles de un concepto o tema.

20. Cuando esté leyendo alguna historia deténgase en el clímax y haga que sus estudiantes enlisten todas aquellas posibles conclusiones.

21. Pida a los estudiantes que generen una historia entre dos grupos.

22. Enseñe a sus estudiantes cómo se hace un Mapa Mental : http://www.mindtools.com/pages/article/newISS_01.htm

23. Use aprendizaje a través de experiencias en donde los estudiantes puedan probar sus hipótesis considerando diferentes alternativas.

24. Rete a los estudiantes a convertir el contenido de la clase en algo que se pueda usar o portar (como ropa

o accesorios).

25. Promueva que sus estudiantes piensen en diferentes estrategias para estudiar para sus exámenes.

26. Pregunte a sus estudiantes "¿Cuál es la mitad de 8?" Motívelos a generar muchas alternativas usando la frase "Sí y además...".

27. Pregunte a sus estudiantes, "¿Cuáles son todas las formas de hacer un 4?" Si se estancan después de dar todas las soluciones matemáticas, comparta otras soluciones, por ejemplo, "mostrar cuatro dedos de una mano".

28. Pida a sus alumnos que piensen en todos los posibles usos o mejoras que se pueden hacer a un hisopo, un sujetador de papel, palillos de madera, botella de agua, etc.

29. Formule sus preguntas de diferentes formas: "¿Cuál

> **USE APRENDIZAJE A TRAVÉS DE EXPERIENCIAS EN DONDE LOS ESTUDIANTES PUEDAN PROBAR SUS HIPÓTESIS CONSIDERANDO DIFERENTESALTERNATIVAS".**

es una respuesta obvia?" "¿Cuál es una respuesta astuta?" "¿Cuál es una respuesta rápida?" "¿Cuál es una respuesta compleja?"

30. Enseñe a sus estudiantes cómo hacer un Baile de Palabras: http://creativeproblemsolving.com/tools/worddance_worksheet.pdf

31. Reproduzca diferentes versiones de la misma canción. Motive a los estudiantes a pensar en los instrumentos que se utilizaron para hacer las diferentes versiones.

32. Dibuje una forma o línea y pida a los estudiantes que hagan diferentes dibujos comenzando con esa forma.

33. Pida a los estudiantes que diseñen diferentes dibujos o prototipos de un logo.

34. Explore y replique formas y procesos encontrados en la naturaleza.

35. Pida a los estudiantes que escojan su comida favorita, luego que lo preparen y lo coman en diferentes formas, por ejemplo, los plátanos pueden ser pelados de diferentes maneras, cortados en rodajas o tiras, pueden ser hechos puré o se pueden

hacer smoothies, pudín, pastelillos o pan.

36. Pida a sus estudiantes que compartan diferentes formas de decir "feliz cumpleaños" (con un regalo, un abrazo, una canción, etc.).

37. Pregunte, "¿Cuáles podrían ser todas las formas de moverse de un lugar a otro?".

¡UN POCO MÁS DE IDEAS!

38. Reparta entre sus estudiantes algunos materiales (elásticos, pelotas, periódico, cinta adhesiva, vasos de papel, etc.) y pídales que creen una variedad de juegos utilizando solamente dichos materiales.

39. Pida a sus estudiantes que practiquen Lluvia de Ideas mientras siguen las guías de pensamiento divergente: http://bit.ly/brainstorminglesson.

40. Pida a los estudiantes que generen una variedad de experimentos para probar una hipótesis.

41. Rete a sus estudiantes a encontrar otras soluciones para problemas que ya han sido resueltos.

42. Pida y motive a sus estudiantes a formular preguntas de interés común que aún no tengan una respuesta

conocida. Después generen respuestas potenciales.

43. Elija un problema recurrente en su clase y pida a los estudiantes que generen muchas y diferentes opciones para solucionar dicho problema.

44. Pida a los estudiantes que consideren sus manos (o cualquier otro objeto simple) y que generen tantas adiciones o modificaciones como les sea posible.

45. Inicie una historia con "Había una vez _____" y pida a los estudiantes que completen la historia uno por uno.

46. Utilice la herramienta "Caja de Ideas" para generar historias. Genere una columna para personajes, otra para situaciones, problemas, etc., y seleccione de forma aleatoria opciones de las diferentes columnas para generar una nueva historia.

47. Pida a sus estudiantes que generen diferentes finales en algún trabajo que estén escribiendo.

48. Pida a sus estudiantes que generen "Conexiones Forzadas" para producir más ideas: https://brooklynbilbao.wordpress.com/2011/08/02/forced-connections/

49. Presente SCAMPER como una herramienta para generar más ideas: https://www.mindtools.com/pages/article/newCT_02.htm

50. Haga que los estudiantes generen una lista de personas que les gustaría que estuviesen en el salón para ayudar a solucionar el reto. Pida a los estudiantes que enlisten las posibles ideas de dichos individuos.

> " UTILICE CAJA DE IDEAS PARA GENERAR HISTORIAS. GENERE UNA COLUMNA PARA PERSONAJES, OTRA PARA SITUACIONES, PROBLEMAS, ETC., Y SELECCIONE DE FORMA ALEATORIA OPCIONES DE LAS DIFERENTES COLUMNAS PARA GENERAR UNA NUEVA HISTORIA."

LENGUAJE PARA PRODUCIR Y CONSIDERAR MUCHAS ALTERNATIVAS

- ¿Qué podría ser esto?
- Esto podría ser...
- ¿Qué pasaría si...?
- ¿Qué más...?
- ¿De qué otras formas...?
- ¿En dónde más...?
- ¿Quién más...?
- ¿Qué piensas...?
- Probemos una forma diferente.
- ¿Cuáles podrían ser todas las formas en las que...?

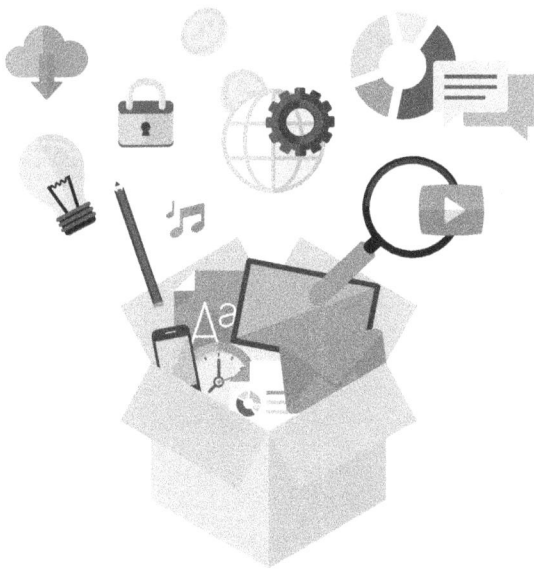

¿TIENE ALGUNAS OTRAS IDEAS PARA INTEGRAR "PRODUCIR Y CONSIDERAR MUCHAS ALTERNATIVAS" EN SU PROGRAMA EDUCATIVO? SI ES ASÍ, ¡ESCRÍBALAS AQUÍ!

DISFRUTAR Y USAR LA FANTASIA

IMAGINE, JUEGUE Y CONSIDERE COSAS QUE NO SON CONCRETAS O QUE NO EXISTEN AÚN.

Imagine que tiene acceso a la primera máquina del tiempo en el mundo. Por ahora solo tiene una función: ser transportado 1000 años en el futuro. ¡Sólo piense! Sería la primera persona en el presente en saber cómo será el futuro: qué ropa usará la gente, qué clase de negocios existirán, qué gobiernos estarán a cargo, y los efectos de la raza humana en el planeta entero. Con un 100% de certeza de que la máquina del tiempo es 100% segura, usted entra y oprime el botón y ¡Vámonos!

Esta habilidad se trata de la imaginación, y es una parte integral de la creatividad y el aprendizaje. La habilidad de disfrutar y utilizar la fantasía puede ser aplicada en diversas facetas de la vida. Aunque algunas veces es malinterpretada como inconveniente e inapropiada, la fantasía ha demostrado motivar el aprendizaje en niños pues provee de un ambiente "fuera de peligro" o seguro. Cuando los maestros utilizan la fantasía y la imaginación en el salón de clases, la experiencia académica de los estudiantes se ve mejorada considerablemente, así como su pensamiento, lógica y habilidades de comunicación.[18] (¡Y estamos dispuestas a apostar que también los maestros tienen mejores experiencias!).

Con un balance adecuado de fantasía e imaginación en un salón de clases, esta habilidad no solamente fomenta la creatividad, también nutre el crecimiento emocional e intelectual.[19] Esto es verdad en escuelas primarias y mejor aún –existe evidencia que demuestra que el uso de la fantasía en el ambiente de un salón de clases es benéfico para estudiantes desde un nivel pre-escolar hasta un nivel de postgrado. Otros estudios sustentan la idea de que la fantasía puede inspirar la motivación interna y el interés, dos características que son comúnmente valoradas en el salón de clases. [20] Cuando se exploran diferentes estrategias para la fantasía, es más probable que los niños retengan la información que necesitan aprender. Adicionalmente la mejor parte de usar la fantasía como una herramienta para la enseñanza, es que es motivante, intrigante y divertido.

Las siguientes ideas explican la incorporación de la

18 Osherson, S. (2004). The teacher's tin cup: Engaging fantasy and feeling in the classroom. Schools: Studies in Education, 1(2), p. 75-88.
19 Smith, M. & Mathur, R. (2009). Children's imagination and fantasy: Implications for development, education. and classroom activities. Research in teh Schools, 16(1), p. 52-63
20 Bergin, D.A. (2010). Influences on classroom interest. Educational Psychologist, 34(2), p.87-98.

imaginación y el juego en su programa educativo, así como el considerar cosas que no son concretas o que no existen aún.

CONSEJOS PARA DISFRUTAR Y UTILIZAR LA FANTASÍA EN EL SALÓN DE CLASE

1. Motive a sus estudiantes a utilizar la fantasía para resolver retos actuales.

2. Incorpore el género de fantasía en sus asignaciones de lecturas. (El Señor de los Anillos, Harry Potter, Los Juegos del Hambre, etc.)

3. Formule preguntas "¿Qué pasaría si...?".

IDEAS QUE PUEDE IMPLEMENTAR RÁPIDAMENTE

4. Pregunte, "¿Cuáles serían todas las aplicaciones tecnológicas de la tele-transportación?"

5. Como clase, exploren cómo sería la vida con menos fuerza de gravedad.

6. Motive a sus estudiantes a visualizar lo que podría salir mal en diferentes escenarios, como fallar cuando se deben seguir un proceso de seguridad.

7. Planteé la siguiente situación a sus estudiantes: "Imaginen que tiene una máquina del tiempo" y luego pregunte: "¿A dónde irían en su máquina del tiempo? ¿Por qué eligieron ese lugar y época?".

8. Pida a sus estudiantes que imaginen que sus manos se pueden transformar en cualquier objeto que requieran en ese momento.

9. Proyecte videos y shows de TV viejos de ciencia ficción en clase y revisen qué de lo que observan se ha inventado en la actualidad.

10. Pregunte a sus estudiantes, "¿Cómo diseñarían un refrigerador que se limpia solo?".

11. Ayude a sus estudiantes a identificar y pensar en formas para eliminar barreras que están enfrentando actualmente.

12. Pida a sus estudiantes que hagan una lista de enunciados comenzando con: "¿Sería increíble si...?".

13. Asigne una tarea en la que se les requiera intercambiar roles de género.

14. Pida a sus estudiantes que imaginen el mundo 100 años atrás.

15. Pida a sus estudiantes que imaginen que no hubiera agua potable disponible. ¿Cuáles serían todas las cosas que podrían suceder?

16. Genere poesía con la palabra "Cotorreo".

17. Pida a sus estudiantes que imaginen qué pasaría en el salón de clases si existieran hormigas gigantes.

18. Hable el nuevo idioma "*Perroespañol*" a su clase.

19. Organice juegos utilizando diferentes roles en la clase.

20. Pregunte a sus estudiantes, "¿Cómo sería un mundo alienígena?".

21. Muestre un objeto a sus estudiantes y pregúnteles, "¿En qué se podría convertir?".

22. Cuente una historia como si fuera algún objeto presente en dicho suceso.

23. Explore algún tema de la clase utilizando personajes animados.

24. Pregunte, "¿Qué superpoder te gustaría tener?" Haga que sus estudiantes creen un superhéroe basándose

en esos superpoderes.

25. Invite a sus estudiantes a actuar (sí, como en el teatro) el movimiento celular, el oleaje u otros conceptos científicos.

26. Introduzca a sus alumnos con *Sim City*, y motívelos para que construyan y destruyan ciudades de formas interesantes.

27. Explore la Biomimética, que es el estudio y mímica de cómo es que la naturaleza resuelve problemas, la Biomimética integra la naturaleza y la innovación. ¿Cómo los humanos podrían utilizar las habilidades de diferentes animales y plantas?

28. Plantee la pregunta "¿Qué harían con una máquina que pudiera extender el tiempo?".

29. Pregunte a sus estudiantes "Si tuvieran que crear su propia palabra, ¿qué sería y cuál sería su significado?".

¡UN POCO MÁS DE IDEAS!

30. Pida a los estudiantes que imaginen, escriban, o actúen una conversación con un personaje histórico.

31. Pida a sus estudiantes que se sitúen en una escena del libro que están leyendo, o en un momento histórico.

32. Pida a sus estudiantes que imaginen que la tierra está hecha de fluido no-Newtoniano, también conocido como Oobleck. Pídales que piensen en cómo podríamos vivir. ¿Cómo serían nuestras casas? ¿Cómo podríamos sembrar alimentos? ¿Cómo podríamos movernos?

33. Pida a sus estudiantes que piensen en sucesos históricos comenzando por el final y terminando por el principio, por ejemplo: La Colonización en reversa.

34. Pida a sus estudiantes que imaginen que pueden viajar en el tiempo y que pueden cambiar algún momento histórico. ¿Cuál sería el cambio que generarían? ¿Cómo harían el cambio? ¿Cuáles serían los efectos del cambio?

35. Pida a los estudiantes que escriban una historia que les sea familiar en un marco de fantasía.

36. Dé a los estudiantes la oportunidad de animar temas de clase o conceptos.

37. Asigne una tarea que los haga pensar en la aplicación

de un tema de clase en un nuevo negocio.

38. Pida a sus estudiantes que creen tiras cómicas, guiones de películas, representaciones visuales, herramientas, invenciones o juegos basados en temas de clase o conceptos.

39. Pida a los estudiantes que construyan un comic con héroes y habilidades que los estudiantes quieren, pero no tienen.

40. Pida a los estudiantes que utilicen una historia familiar y que creen nuevos finales, contexto, personajes, etc.

41. Rete a sus estudiantes a crear una película basándose en un tema o concepto de la clase.

42. Inventen un nuevo sistema alfabético y escriba un mensaje para la clase.

43. Pregunte a sus alumnos "Si pudieran viajar a cualquier lugar para estudiar, ¿a dónde irían y qué estudiarían?".

44. Motive a sus estudiantes a hacer investigación acerca de los sueños y de soñar despierto.

45. Pida a sus alumnos que creen comerciales para sus proyectos de investigación.

46. Cree un nuevo lenguaje –combinando raíces de palabras, prefijos y sufijos, luego "defina" las palabras.

47. Pida a sus estudiantes que exploren Second Life (http://secondlife.com/) o McLarin Adventures (http://dgbl.ou.edu/mclarin/).

48. Pida a los estudiantes que cambien a todos los personajes principales de un libro por animales. ¿Cómo cambia el conflicto principal de la historia?

49. Pida a sus alumnos que tomen un momento histórico y que lo conviertan en una canción de cuna.

50. Pregunte a sus estudiantes "Si pudiera publicar un libro, ¿de qué sería? Si pudiera operar una editorial ¿qué tipo de autores o de libros publicarían?".

LENGUAJE PARA DISFRUTAR Y UTILIZAR LA FANTASÍA

- Imaginar que...
- Pretendamos que...
- Imaginemos que...

¿TIENE ALGUNAS OTRAS IDEAS PARA INTEGRAR "DISFRUTAR Y UTILIZAR LA FANTASÍA" EN SU PROGRAMA EDUCATIVO? SI ES ASÍ, ¡ESCRÍBALAS AQUÍ!

....

....

....

....

....

....

....

....

....

....

RESALTAR LA ESENCIA

IDENTIFICAR QUÉ ES LO MÁS IMPORTANTE Y ABSOLUTAMENTE ESENCIAL.

¿Alguna vez ha estado trabajando en un problema y de pronto se encuentra completamente desviado del tema? Quizá se enfocó en la parte del problema que era fácil de resolver, pero no el problema principal. Y aunque quizá se sintió productivo por un instante al haber resuelto ese pequeño problema, el problema general no fue resuelto. Quizá esto se pudo haber evitado si hubiese identificado la esencia de la situación.

Esta habilidad comprende el identificar qué es lo más importante o esencial en cualquier situación. El pensamiento involucrado en este proceso es requerido en muchos aspectos de la expresión creativa y solución de problemas, [21] y es reconocido como una característica principal de las personas creativas.[22] Ayude a sus

---

21 Torrance, E.P., & Safter H.T. (1999). Making the Creative Leap Beyond... Buffalo, NY: Creative Education Foundation Press.
22 Aboukinane, C. (2007). A qualitative study of creative thinking using experiential learning in an agriculture and life sciences course (Unpublished doctoral dissertation). Texas A&M University, College Station, Texas.

estudiantes a distinguir entre lo relevante y lo irrelevante, los estudiantes serán más capaces de resolver problemas.

Las siguientes ideas promueven la incorporación de resaltar la esencia en un programa para la enseñanza.

SUGERENCIAS PARA RESALTAR LA ESENCIA EN EL SALÓN DE CLASES

1. Utilice códigos de color en lecciones y actividades para ayudar a la visualización y correspondencia.

2. Comparta con sus estudiantes la aplicación *Popplet* (http://popplet.com/) para mapeo de conceptos de forma colaborativa..

3. Tenga a la mano suficientes marcadores para resaltar.

IDEAS QUE PUEDE IMPLEMENTAR RÁPIDAMENTE

4. Al final de cada clase, pida a los estudiantes que escriban una reflexión sobre qué es lo importante de la lección o cuál es el punto de la lección.

5. Cuando lleven a cabo lecturas, pida a los estudiantes que piensen cuál es el objetivo que el autor quiere

comunicar.

6. Pida a los estudiantes que elijan una canción que les recuerde el tema o concepto de la clase.

7. Pida a sus estudiantes que en "10 palabras" o menos compartan una cosa que aprendieron ese día.

8. Jueguen "teléfono descompuesto" con mensajes concisos.

9. Pregunte a sus estudiantes "¿Qué color representa lo que piensas de _____? ¿Por qué?".

10. Creen un cartel basado en el tema de la clase o un concepto visto en clase.

11. Pida a sus estudiantes que creen una tira cómica basándose en un tema o concepto visto en clase.

12. Pida a sus estudiantes que escriban un Tweet (140 caracteres o menos) para RESALTAR lo que aprendieron en la clase.

13. Encuentre imágenes que representen conceptos de la clase.

14. Haga que los estudiantes hagan un "acordeón".

15. Haga que los estudiantes generen preguntas para examen.

16. Rete a sus estudiantes para que escriban un Haiku. Trate de explorar con ellos la aplicación Haiku Deck.

17. Pida a sus estudiantes que generen un "discurso de elevador" de 30 segundos.

18. Haga que sus estudiantes manden un mensaje en una botella entre ellos.

19. Jueguen "Encuentra el origen". Discutan cómo adentrarse y descubrir la raíz de un concepto o historia.

20. Rete a sus estudiantes a crear su propia taquigrafía para tomar notas.

21. Pida a sus estudiantes que generen títulos de periódicos relacionados con las lecciones.

22. Pida a sus estudiantes que escriban un aprendizaje clave al final de cada lección.

23. Imite el tono de algún autor inventando comentarios ingeniosos.

24. Pida a sus estudiantes que hagan un resumen.

25. Motive a sus estudiantes para que encuentren una imagen, producto o un objeto que represente la historia.

26. Pida a los alumnos que escriban las ideas principales en notas Post-it.

27. Deje que los estudiantes hagan un dibujo.

28. Pida a los estudiantes que escriban una reseña.

29. Genere un diagrama de flujo de los conceptos principales y los bloques que los componen.

30. Haga que los estudiantes identifiquen las palabras más importantes en un texto. Después utilice dichas palabras en una lista, un poema o un nuevo enunciado.

31. Pida a los estudiantes que expliquen a un compañero en tres minutos la esencia de lo que aprendieron.

32. Pida a sus estudiantes que expliquen "emprendedurismo" (o un término diferente) a otros estudiantes.

33. Pida a los estudiantes que escriban una reseña utilizando cada vez menos palabras: usando 16 palabras, luego ocho, luego cuatro y luego dos.

¡UN POCO MÁS DE IDEAS!

34. Pida a los estudiantes que identifiquen aspectos comunes entre diferentes procesos.

35. Pida a los estudiantes que creen un video para enseñar un proceso o concepto en un minuto o menos.

36. Pida a sus estudiantes que escriban un blog basado en temas o conceptos vistos en clase.

37. Haga que los estudiantes compongan un Rap para explicar la clase.

38. Pida a los estudiantes que diseñen una guía de estudio o juego para poder estudiar para un examen.

39. Pida a sus estudiantes que generen diferentes formas para explicar la clase a un pequeño de 3 años.

40. Pida a los estudiantes que hagan un comercial de un minuto acerca de un tema visto en clase.

41. De tarea, haga que los estudiantes envíen a alguien un mensaje de texto resaltando la esencia de la clase.

42. Pida a los estudiantes que lean una historia y que la cuenten en 6 enunciados o menos.

43. Rete a sus estudiantes para que hagan presentaciones cortas.

44. Divida la clase en equipos. Cada equipo tiene que elegir tres palabras clave que sientan que representan la esencia de una lectura –pida que debatan y defiendan sus elecciones ante los demás equipos.

45. Rete a sus estudiantes a que hagan un video de 30 segundos para explicar un concepto o tema.

46. Pida a sus estudiantes que creen un folleto turístico de un lugar que ha sido estudiado en clase.

47. Rete a sus estudiantes a escribir una sinopsis de seis palabras de una clase o concepto visto en clase.

48. Pida a los estudiantes que desarrollen una guía para futuros estudiantes de cómo ser exitoso en la escuela o cómo superar obstáculos.

49. Pida a los estudiantes que escriban un libro para niños que simplifique un concepto complicado.

50. Rete a sus estudiantes para que dibujen una estampilla postal por cada capítulo.

> "PIDA A LOS ESTUDIANTES QUE DESARROLLEN UNA GUÍA PARA FUTUROS ESTUDIANTES DE CÓMO SER EXITOSO EN LA ESCUELA O CÓMO SUPERAR OBSTÁCULOS."

LENGUAJE PARA RESALTAR LA ESENCIA

- Mantenga las cosas cortas y simples.
- Hagamos un resumen de esto...
- Señale lo que es más importante.

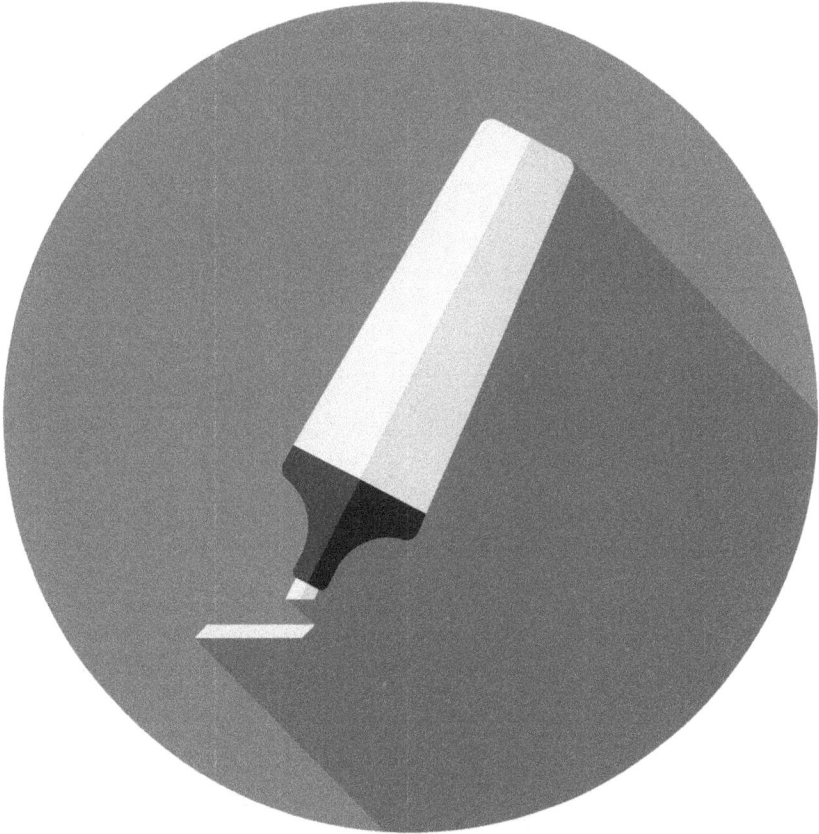

¿TIENE ALGUNAS OTRAS IDEAS PARA INTEGRAR "RESALTAR LA ESENCIA" EN SU PROGRAMA EDUCATIVO? SI ES ASÍ, ¡ESCRÍBALAS AQUÍ!

MIRARLO DE OTRA FORMA

OBSERVAR LAS COSAS DESDE DIFERENTES PERSPECTIVAS.

¿Qué pasaría si el libro Harry Potter tratara de una mujer? ¿Cómo se llamaría? ¿Cómo eso cambiaría las relaciones centrales –tendría los mismos amigos y enemigos? ¿El tono del autor sería diferente? ¿Cómo?

Esta habilidad se trata de ver las cosas desde múltiples perspectivas, puntos de vista o formas de pensar. Cuando se trata de resolver problemas y obtener soluciones innovadoras, la habilidad de cambiar la forma en la que vemos las cosas es integral para mantener una mente creativa y rápida.[23] Esto es especialmente importante si lo que queremos es que nuestros estudiantes aprendan cómo romper con la rutina y generar nuevos enfoques y modelos, dos habilidades que son sumamente importantes en estos días y a esa edad. [24] [25]

---

23 Torrance, E.P., & Safter, H.T. (1999). Making the Creative Leap Beyond... Buffalo, NY:Creative Education Foundation Press.
24 de Bono, E. (1970). Lateral thinking: A textbook of creativity. London, UK: Penguin.
25 de Bono, E. (1995). Serious creativity. The Journal of Quality and Participation, 18(5), 12-18.

Las siguientes ideas resaltan la incorporación de diferentes perspectivas en su programa educativo.

SUGERENCIAS PARA MIRARLO DE OTRA FORMA EN EL SALÓN DE CLASES

1. Utilice la basura para planear lecciones.

2. Formule preguntas "¿Qué pasaría si...?"

3. Compare palabras clave en los contenidos de diferentes áreas.

IDEAS QUE PUEDE IMPLEMENTAR RÁPIDAMENTE

4. Dicte una lección sin utilizar palabras, asigne la misma tarea a sus estudiantes.

5. Haga que los estudiantes actúen algún tema –el ciclo de la vida de una planta, una escena de un libro, etc.

6. Pida a los estudiantes que escriban finales diferentes.

7. Dé a los estudiantes una solución y haga que piensen en todos los posibles problemas que se pueden resolver con la solución.

8. Pida a los estudiantes que construyan algo con

materiales poco convencionales.

9. Rete a sus estudiantes a transformar un objeto en algo diferente.

10. Pida a sus estudiantes que utilicen diferentes medios para expresar las mismas ideas.

11. Pida a sus estudiantes que cuenten la historia usando un género diferente.

12. Pida a sus estudiantes que cambien de pareja.

13. Utilice diferentes voces para diferentes personajes en una lectura.

14. Utilice diferentes materiales de soporte para enseñar conceptos o temas.

15. Juegue "Jeopardy" con sus estudiantes –provea las respuestas y pídales que generen las preguntas.

16. Pida a los estudiantes que piensen en cómo les gustaría que se diera la clase. Pida a los estudiantes que enseñen una clase sobre un tema en la forma en la que les gustaría que se les impartiera.

17. Cambie el género de los personajes de una lectura.

18. Pida a los estudiantes que se suban a sus sillas o que se sienten en el escritorio para tener una perspectiva diferente o para ver algún problema de una forma diferente.

19. Pida a los estudiantes que observen una situación desde la perspectiva de algún miembro de su familia.

20. Comparta dos perspectivas de una historia.

21. Pida a los estudiantes que compartan la historia de alguien más.

22. Adopte la perspectiva de una disciplina diferente.

23. Pregunte a los estudiantes, "¿Qué ideas tendría _____ para esto?" (por ejemplo, Mickey Mouse, un astronauta, el presidente, un niño de 5 años, etc.).

24. Pida a los estudiantes que observen la clase desde el punto de vista de un maestro.

25. Escoja otro protagonista para una historia.

26. Pida a alguien que lidere la conversación o que comparta el mensaje.

27. Observe diferentes prototipos de la misma cosa.

28. Pida a sus estudiantes que "se pongan en los zapatos" de algún personaje.

29. Examine diferentes problemas que utilizan la misma solución.

30. Pregunte "¿Cuál sería el punto de vista de un insecto?".

31. Cambie la forma en la que el salón está organizado, y pregunte a sus estudiantes cómo se siente sentarse en diferentes lugares del salón.

32. Piense cómo podría dar la clase sin utilizar tecnología.

33. Pida a los estudiantes que tomen fotografías de un "sujeto" dentro del salón.

34. Enseñe la clase en el patio de juegos.

35. Juegue "Otra forma de decir",cuando se presente la oportunidad, comparta otras palabras que tengan el mismo significado.

¡UN POCO MÁS DE IDEAS!

36. Observe la enseñanza desde el punto de vista de los

estudiantes, administrativos y los padres de familia.

37. Diseñe una lección "al revés" desde el final hacia el principio.

38. Explore cómo es que otras culturas enseñan a los estudiantes.

39. Pida a los estudiantes que creen y usen diferentes lentes y pregúnteles qué es lo que ven.

40. Presente a los estudiantes un problema para resolver, como la pobreza. Haga que vean el problema desde diferentes perspectivas. ¿Qué es lo que cada perspectiva les permite ver y experimentar?

41. Explore información acerca de diferentes etnicidades y culturas.

42. Pida a los estudiantes que generen diferentes versiones de una escena, y luego cree diferentes versiones de las diferentes escenas.

43. Pida a los estudiantes que creen videos de sus propias perspectivas.

44. Rete las perspectivas teóricas –pida a sus estudiantes que defiendan un punto de vista con el que no

están de acuerdo, y que observen cómo es que su perspectiva cambia.

45. Pida a los estudiantes que tomen una foto de sus amigos y que lo hagan desde diferentes ángulos.

46. En la clase de arte, pida a cada uno que visualice y dibuje un objeto, después compare cómo es diferente desde diferentes puntos de vista.

47. Dé a los estudiantes la oportunidad de procesar la lección, planes e información en un ambiente diferente.

48. Cambie la iluminación del salón.

49. Dé a los estudiantes la oportunidad de "ser la sombra" de algún profesional en áreas poco familiares.

> "PRESENTE A LOS ESTUDIANTES UN PROBLEMA PARA RESOLVER, COMO LA POBREZA. HAGA QUE VEAN EL PROBLEMA DESDE DIFERENTES PERSPECTIVAS. ¿QUÉ ES LO QUE CADA PERSPECTIVA LES PERMITE VER Y EXPERIMENTAR?."

50. Pida a su clase que "adopte" una flor, una planta o un árbol en el jardín o patio de la escuela. Tome una foto de la planta en el mismo día del mes cada mes. ¿Cómo se ven los cambios que van surgiendo a través de cada estación? Coloque las fotos en el salón de clases.

LENGUAJE PARA MIRARLO DE OTRA FORMA

- Vamos a verlo de una forma diferente
- Voltéelo de cabeza.
- Vamos a obtener otra perspectiva.
- Nunca lo había pensado de esa manera.
- Cambie su perspectiva sólo por un momento.

¿TIENE ALGUNAS OTRAS IDEAS PARA INTEGRAR "MIRARLO DE OTRA FORMA" EN SU PROGRAMA EDUCATIVO? SI ES ASÍ, ¡ESCRÍBALAS AQUÍ!

....

....

....

....

....

....

....

....

....

....

....

MANTENERSE PRESENTE Y CONSCIENTE

ESTAR EN EL MOMENTO PRESENTE.

Siéntese en un lugar o posición en dónde esté cómodo. Relaje su respiración y aclare su mente. Piense acerca de lo qué está haciendo en estos momentos –leyendo este libro, y quizá tomando café o comiendo algo. ¿Qué escucha? ¿Cómo huele? ¿Cómo sabe, qué ve?

Mantenerse presente y consciente es estar completamente inmerso en el momento presente. Se trata de estar abierto y atento, mientras utilizamos nuestros sentidos. Cuando estamos presentes y conscientes, estamos enfocados en el momento presente y permitimos que se desenvuelvan todas sus posibilidades. Esto puede desencadenar un salón de clases más creativo.

Estar presente y consciente y fomentar el estarlo en sus estudiantes, induce un estado mental que motiva la producción de numerosas ideas innovadoras.[26]   Aunque hay quien cree que el estar presente y consciente así como la meditación resulta en soñar despiertos, estudios han demostrado que practicar el estar presentes y conscientes permite una regulación de la atención más potente, así como el funcionamiento ejecutor, dos habilidades que son clave en estudiantes productivos. [27] [28] [29] [30] Finalmente, el practicar estar presente y consciente en el salón de clases es extremadamente benéfico para los estudiantes tanto académicamente como en el ámbito social. [31]

Las siguientes ideas presentan formas de incorporar el estar presente y consciente en su programa educativo.

SUGERENCIAS PARA MOTIVAR EL ESTAR PRESENTE Y CONSCIENTE EN EL SALÓN DE CLASES

1. Enseñe a sus estudiantes a estar presentes en el momento y a enfocarse en la actividad que están

26 Colzato, L.S., Ozturk, A., & Hommel, B. (2012). Meditate to create: The impact of focused-attention and open-monitoring training on convergent and divergent thinking. Frontiers in Psychology, 3:116.
27 Heeren A., Van Broeck N., Philippot P. (2009). The effects of mindfulness on executive processes and autobiographical memory specificity. Behaviour Research and Therapy, 47(5), 403–409.
28 Jha A. P., Krompinger J., Baime M. J. (2007). Mindfulness meditation modifies subsystems of attention. Cognitive, Affective, & Behavioral Neuroscience, 7(2), 109–119.
29 Moore A., Malinowski P. (2009). Meditation, mindfulness and cognitive flexibility. Consciousness & Cognition, 18(1), 176–186.
30 Zeidan F., Johnson S. K., Diamond B. J., David Z., Goolkasian P. (2010). Mindfulness meditation improves cognition: evidence of brief mental training. Consciousness & Cognition, 19(2), 597–605.
31 Zelazo, P.D., & Lyons, K.E. (2012). The potential benefits of mindfulness training in early childhood: A developmental social cognitive neuroscience perspective. Child Development Perspectives, 6(2), 154-160.

haciendo.

2. Ayude a sus estudiantes a desarrollar el pensamiento de reflexión. Otorgue tiempo de reflexión en clase.

3. Utilice el espacio físico de forma intencional, reajustando el ambiente para que apoye las actividades asignadas.

4. Elimine distracciones.

5. Determine el tono y ánimo de la lección a través de estímulos físicos.

6. Pida a sus estudiantes que se mantengan alejados de sus teléfonos y tecnología.

7. Permita a los estudiantes y maestros enlentecer el proceso.

8. Permita que los estudiantes hagan observaciones con respecto a la lección.

9. Dé a los estudiantes más tiempo para considerar los problemas y soluciones.

10. Haga que los estudiantes trabajen en otros lugares además del escritorio.

11. Ayude a sus estudiantes a visualizar.

12. Dé a los estudiantes más opciones.

IDEAS QUE PUEDE IMPLEMENTAR RÁPIDAMENTE

13. Enseñe habilidades de observación –incorpore los cinco sentidos en las lecciones.

14. Pida a los estudiantes que dibujen objetos en un papel –despacio y en silencio.

15. Guíe a sus estudiantes a través de una sesión de relajación.

16. Guíe a sus estudiantes a través de una sesión progresiva de relajación de músculos.

17. Pida a los estudiantes que se sienten y que estén desocupados.

18. Enseñe respiración diafragmática.

19. Pida a sus estudiantes que presten atención al espacio físico.

20. Enseñe a sus estudiantes acerca de escucha activa. ¿Qué significa ser un buen escucha? ¿Cómo pueden

decir que alguien les está escuchando? Haga que los estudiantes practiquen la escucha activa con sus compañeros sin distracciones.

21. Pida a sus estudiantes que caminen en silencio por el salón y que escriban sobre las cosas que nunca antes habían notado.

22. Pida a sus estudiantes que se sienten y que escuchen la respiración de la clase.

23. Haga que los estudiantes hagan diferentes tareas al mismo tiempo y discutan cómo se siente. Después asigne una tarea estando presentes y conscientes. Compare ambas experiencias.

24. Apague la luz y lea una historia a sus alumnos.

25. Haga la experiencia de la clase más lenta utilizando momentos de silencio y permitiendo que momentos de silencio sucedan.

26. Juegue "Yo soy espía".

27. Pida a sus estudiantes que reflexionen en cómo va el semestre y haga que otros respondan a estos comentarios.

28. Muestre a sus estudiantes una fotografía relacionada con la lección. Pida que dediquen tiempo para observar los detalles y que describan lo que observaron.

29. Pida a los estudiantes que escriban los pasos detallados para una acción que usualmente hacemos en automático (por ejemplo: lavarnos los dientes, manejar, etc.).

30. Pida a los estudiantes que cierren los ojos y que respondan preguntas con respecto al salón de clases.

31. Lleve a la clase a dar una caminata y pídales que estén atentos de lo que van observando.

32. Pida a los estudiantes que de forma presente y consciente expliquen un concepto a alguno de sus compañeros.

33. Enseñe a sus estudiantes a hacer pausas durante el día para observar el cielo.

¡UN POCO MÁS DE IDEAS!

34. Diseñe una lección en la que los estudiantes

coman algo de forma presente y consciente. Por ejemplo, una experiencia para probar dulces (pregunte por posibles alergias). Pida a los estudiantes que se enfoquen en un dulce, que lo huelan, lo toquen, lo observen detenidamente y que lo prueben. Luego intente lo mismo pero esta vez con el contenido de la clase.

35. Motive a sus estudiantes para que desarrollen conciencia de la relevancia cultural de la lección.

36. Pida a sus estudiantes que vayan afuera del salón, que cierren los ojos y que dibujen lo que escuchan.

37. Pida a los estudiantes que experimenten una actividad común estando presente y consciente (lavarse las manos, comer, caminar hacia la parada del camión, pasar tiempo con una mascota, etc.). Luego pídales que escriban acerca de su experiencia. Pregunte qué fue lo que notaron, lo que sintieron y cómo eso fue diferente de las otras veces en que han realizado dicha actividad.

38. Comience el día o la semana con una frase y pregunte a los estudiantes qué significado tiene

para ellos.

39. Tome un tiempo al inicio de la lección para enfocarse como clase, para desprenderse de lo que sea que los esté estresando y establezcan la intención del día.

40. Tome un tiempo al final del día para que cada estudiante comparta una cosa que pasó durante el día y por lo cual se sientan agradecidos.

41. Pida a los estudiantes que escriban o dibujen en un diario.

42. Haga que los estudiantes practiquen la escritura descriptiva utilizando sus cinco sentidos.

43. Haga un libro de observaciones para la clase.

44. Haga que los estudiantes dibujen una vida tranquila. No califique el producto final –en su lugar, discutan el proceso de calmarse e identificar diferentes aspectos del tema.

45. Tengan un día de yoga para principiantes.

46. Utilice "ver, pensar y preguntarse" –presente piezas de arte (o cualquier objeto) y haga que

los estudiantes escriban lo que ven, qué ideas se les ocurren y qué preguntas les surgen de esos pensamientos.

47. Dé a los estudiantes una tabla con cinco columnas –una por cada sentido. Pida que eliminen la "visión" y que llenen las otras cuatro columnas con cosas que vayan experimentando durante el día.

48. Pida a sus estudiantes que escriban adivinanzas de los cinco sentidos, describiendo alguno sin nombrarlo. ¿Quiénes podrán adivinarlo?

49. Dé a sus estudiantes semillas para sembrar. Pida a los estudiantes que escriban las observaciones del desarrollo de la planta.

50. Pida a los estudiantes que tomen "fotos mentales" de algún momento específico de una lección que les gustaría recordar.

> **DÉ A LOS ESTUDIANTES UNA TABLA CON CINCO COLUMNAS —UNA POR CADA SENTIDO. PIDA QUE ELIMINEN LA "VISIÓN" Y QUE LLENEN LAS OTRAS CUATRO COLUMNAS CON COSAS QUE VAYAN EXPERIMENTANDO DURANTE EL DÍA."**

LENGUAJE PARA MANTENERSE PRESENTE Y CONSCIENTE

- ¿Qué notan?
- ¿Qué escuchan?
- ¿Qué ven?
- ¿Qué sienten?
- Vamos a enfocarnos.
- Estemos calmados.
- Escuchemos atentamente.
- Disfruten lo que están haciendo.
- Describan lo que están haciendo.
- Estemos tranquilos.
- Detengámonos y vamos a oler las rosas.
- Pongamos atención.

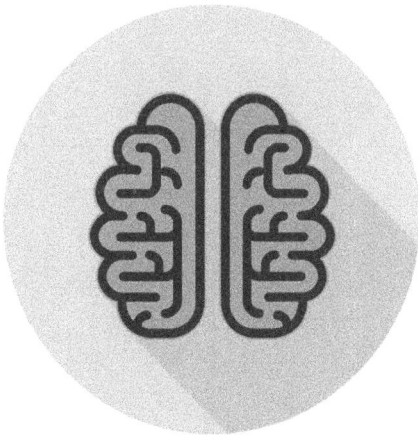

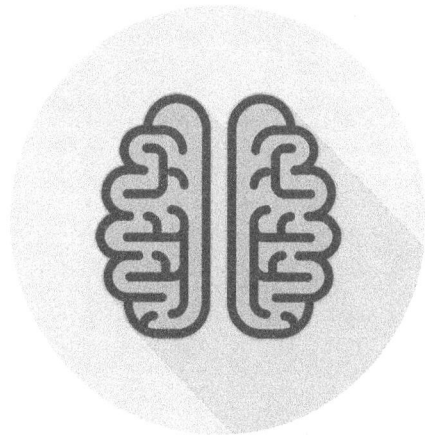

¿TIENE ALGUNAS OTRAS IDEAS PARA INCORPORAR "MANTENERSE PRESENTE Y CONSCIENTE" EN SU PROGRAMA EDUCATIVO? SI ES ASÍ, ¡ESCRÍBALAS AQUÍ!

....

....

....

....

....

....

....

....

....

....

UTILIZAR EL JUEGO Y EL HUMOR

JUGAR LIBREMENTE CON LAS IDEAS

¿Cuál era su juego favorito cuando era un niño o niña? ¿Escondidillas? o ¿prefería contar chistes? Cuando somos niños jugamos y el humor se nos da naturalmente. Pero a lo largo de la vida, ponemos a un lado la diversión para enfocarnos en "cosas más importantes".

Esta habilidad nos habla de traer la diversión, el juego y el humor al salón de clases. El juego es una poderosa fuente de energía. Provee beneficios físicos, mentales, emocionales y sociales. Cuando hablamos específicamente de pensamiento creativo, el juego nos permite experimentar nuestra imaginación; explorar y jugar con pensamientos, ideas, y posibilidades; tener una perspectiva más positiva; utilizar nuestra motivación intrínseca; cometer errores y recuperarnos; e involucrarnos en la solución de problemas.

Utilizar el juego y el humor son habilidades esenciales en

la vida diaria, y son especialmente importantes dentro del salón de clase. De hecho utilizar el juego y el humor han probado ser predictores de la creatividad y sociabilidad en los estudiantes.[32] [33] [34]

Las siguientes ideas que compartimos nos hablan de cómo incorporar el juego y el humor en su programa educativo.

SUGERENCIAS PARA MOTIVAR EL JUEGO Y EL HUMOR EN EL SALÓN DE CLASES

1. Estar dispuesto a mostrar su "lado gracioso".

2. No temer a reírse en el salón de clase.

3. Darse permiso de ser como un niño.

IDEAS QUE PUEDE IMPLEMENTAR RÁPIDAMENTE

4. Enseñe su lección utilizando una nariz de payaso o alguna otra variación graciosa.

5. Cante a sus estudiantes mientras entrega los materiales. Puede modificar la letra de alguna canción

32 Chang, C.P. (2013). Relationship between playfulness and creativity among students gifted in mathematics and science. Creative Education, 4(2), 101-109.
33 Ghayas, S., & Malik, F. (2013). Sense of humor as a predictor of creativity level in university undergraduates. Journal of Behavioural Sciences, 23(2).
34 Ziv, A., & Gadish, O. (1989). Humor and marital satisfaction. Journal of Social Psychology, 129(6), 759-768

conocida con información de la lección del día.

6. Formule preguntas ilógicas para que sus estudiantes prueben que entienden el material.

7. Tome un descanso y enseñe a sus estudiantes cómo hacer malabares con bufandas.

8. Cuando requiera participaciones orales individuales, utilice un muñeco de peluche, una pelota o pollo de hule y páselo de participante en participante.

9. Inauguren un nuevo día feriado para la clase (el día de las chispas, el día de los calcetines de colores, el día del puercoespín, etc.).

10. Asigne un nombre gracioso para el día.

11. Haga que los estudiantes creen nombres en código.

> INAUGUREN UN NUEVO DÍA FERIADO PARA LA CLASE (EL DÍA DE LAS CHISPAS, EL DÍA DE LOS CALCETINES DE COLORES, EL DÍA DEL PUERCOESPÍN, ETC.)."

12. Haga que la clase genere una adivinanza utilizando el tema o concepto de la clase.

13. Genere oportunidades para que los estudiantes participen en "chistes locales".

14. Pida a sus estudiantes que den la respuesta incorrecta primero.

15. Juegue utilizando mímica para explicar conceptos de la clase.

16. Genere un video gracioso con instrucciones o explicando algún procedimiento.

17. Incorpore improvisación en sus lecciones.

18. Proyecte en clase Charlie Chaplin y Los Tres Chiflados.

19. Comience a bailar en medio de la clase

20. Comuníquese con enunciados revueltos.

21. Conduzca una sesión de risa en su salón de clase.

22. Haga asociaciones ridículas.

23. Haga que los estudiantes utilicen crayones para

colorear.

24. Dibuje caricaturas para explicar conceptos.

25. Haga que los estudiantes se vistan como alguno de sus padres.

26. Cuelgue caricaturas graciosas en las paredes del salón de clase.

27. Muestre a sus alumnos algunas ilusiones ópticas.

28. Cree adivinanzas acerca de la clase.

29. Tenga una palabra graciosa para el día.

30. Ponga música graciosa que se relacione con la lección.

31. Los lunes pida a los estudiantes que compartan historias graciosas del fin de semana.

32. Muestre videos graciosos en clase cuando observe que la energía de la clase está baja.

33. Genere "el chiste del día".

34. Comparta "videos de lunes feliz". Una serie de videos cortos y graciosos presentados los días lunes para

iniciar la semana.

35. Organice días temáticos en donde los estudiantes se disfracen de acuerdo al tema de la unidad.

36. Organice un día del "sombrero gracioso".

37. Utilice tiras cómicas relevantes para la lección.

38. Sacúdase como un isótopo en descomposición.

39. Utilice diferentes materiales de utilería para que los estudiantes los usen durante alguna lectura.

40. Utilice marionetas.

41. Tenga una mascota inusual para la clase. Deje que los estudiantes le pongan nombre.

42. Cuando lean en voz alta, asigne a cada personaje una voz diferente.

43. Organice los jueves de malas bromas.

44. Haga que los estudiantes escriban una parodia.

¡UN POCO MÁS DE IDEAS!

45. Cree una máquina generadora de risas: haga que cada quien se ría de forma graciosa al mismo tiempo y observe cómo la risa se torna real.

46. Organice juegos para revisar temas. Por ejemplo, coloque las preguntas a revisar en globos inflados. Haga que los estudiantes revienten los globos sin usar sus manos o pies. Después lean y respondan las preguntas.

47. Haga que los estudiantes actúen escenas de una historia. Hágalo más retador pidiéndoles que no utilicen palabras.

48. Pida a los estudiantes que generen un juego de mesa acerca de un concepto clave visto en clase.

49. Tenga una caja llena con disfraces o utilería. Utilicen dichos materiales durante las clases.

50. Haga que los estudiantes creen un comercial gracioso basado en algún tema de la clase.

LENGUAJE PARA UTILIZAR EL JUEGO Y EL HUMOR

- ¡Eso es muy gracioso!
- ¡Juguemos!
- ¡Esto es divertido!
- Pasarla bien.
- Gracias por un día tan divertido.
- ¡Risas!
- ¡Sonrían!

¿TIENE ALGUNAS OTRAS IDEAS PARA INCORPORAR "UTILIZAR EL JUEGO Y EL HUMOR" EN SU PROGRAMA EDUCATIVO? SI ES ASÍ, ¡ESCRÍBALAS AQUÍ!

....

....

....

....

....

....

....

....

....

....

SER ORIGINAL

PRODUCIR IDEAS Y RESULTADOS NOVEDOSOS.

¿Alguna vez ha estado estancado en la rutina? Usted experimenta la misma rutina día tras día y seguramente ha estado enfrentando un problema por semanas que ha ido resolviendo pensando de la misma manera desde que se le presentó. Hasta que un día, usted decide no hacer lo obvio y romper con los hábitos que ha ido formando. De pronto ¡aparece la respuesta que ha estado buscando para su problema! Y resulta ser una solución súper innovadora.

Esta habilidad se trata de desprenderse de lo obvio y buscar opciones más novedosas. Y mientras muchos maestros piensan que la originalidad no tiene lugar en muchos salones de clases (¿quién quiere que 2+2 sea 7?), investigaciones han demostrado que la originalidad es la principal necesidad para la creatividad,[35] [36] dentro y fuera del salón de clase.

---

35 Runco, M.A. (1993). Operant theories of insight, originality, and creativity. American Behavioral Scientist, 37(1), 54-67.
36 Runco, M.A. (2004). Creativity. Annual Review of Psychology, 55, 657-687.

Cuando un profesor incluye la originalidad en sus lecciones, puede que lo esté utilizando como una herramienta para la enseñanza o que esté enseñando a sus estudiantes cómo ser más originales y de ambas maneras el profesor está incrementando la probabilidad de que sus estudiantes generen más ideas innovadoras y que sean más creativos.[37] [38 39 40]

Las siguientes ideas ayudan a incorporar originalidad en su programa de enseñanza y salón de clases.

SUGERENCIAS PARA FOMENTAR LA ORIGINALIDAD EN EL SALÓN DE CLASES

1. Asigne una pared llamada "Sería grandioso que..." para que los estudiantes escriban sus ideas. Por ejemplo: Sería grandioso que pudiéramos comer chocolate todos los días.

2. Utilice rúbricas que motiven la originalidad.

3. Busque respuestas originales cuando pregunte a sus

---

37 Torrance, E.P. (1972a). Can we teach children to think creatively? Journal of Creative Behavior, 6, 114-143.
38 Torrance, E.P. (1972b). Career patterns and peak creative achievements of creative high school students 12 years later. Gifted Child Quarterly, 16, 75-88.
39 Torrance, E.P. (1972c). Predictive validity of the Torrance Tests of Creative Thinking. Journal of Creative Behavior, 6, 236-252.
40 Torrance, E.P., & Safter, H.T. (1989). The long range predictive validity of the Just Suppose Test. Journal of Creative Behavior, 23, 219-223.

estudiantes.

IDEAS QUE PUEDE IMPLEMENTAR RÁPIDAMENTE

4. Comparta recetas de diferentes culturas.

5. Pida a sus estudiantes que escriban una historia o un título de un libro.

6. Investigue preguntas originales con sus alumnos utilizando el método científico.

7. Creen un perfil de Facebook para un personaje de Shakespeare.

8. Pida a sus estudiantes que enlisten diez soluciones que no funcionen. Y luego pídales que busquen la manera de modificarlas para hacer que funcionen.

9. Enseñe matemáticas a través de historias.

10. Pida a sus estudiantes que encuentren formas originales de entregar sus tareas (sin trabajos escritos o enviados por correo electrónico).

11. Pida a los estudiantes que construyan sus respuestas con piezas de Lego o plastilina Play-Doh.

12. Pida a sus estudiantes que escriban con la mano que usualmente no utilizan.

13. Pida a sus estudiantes que escriban un párrafo al revés, como lo hizo da Vinci.

14. Otorgue un premio semanal para la idea más original.

15. Discuta la originalidad de las huellas digitales, las mariposas, las caras de los perros, etc.

16. Pida a los estudiantes que piensen en ideas diferentes para caminar.

17. Dé a cada estudiante una hoja de papel con una línea en ella, después pídales que generen un dibujo utilizando dicha línea.

18. Motive a sus estudiantes para que piensen en formas para viajar completamente diferentes a las existentes. Por ejemplo: volar en pájaro, zapatos voladores, etc., pídales que expliquen cómo funcionan.

19. Pida a todos que dibujen un árbol, y que discutan

cómo los árboles son diferentes.

20. Pida a los estudiantes que inventen sus propias palabras para conceptos que no entienden.

21. Pida a la clase que tomen dos cosas completamente diferentes y que las mezclen en una cosa nueva.

22. Pida a los estudiantes que tomen dos animales o ideas y que generen un nuevo animal. Dibujen el nuevo animal y póngale nombre.

23. Pida a sus estudiantes que generen una solución original para un problema simple (como hacer un emparedado).

24. Cambie el nombre del profesor por un día.

25. Observen cuáles son los problemas que existen en el salón de clases (la ventana no abre, la pintura se está deslavando) y pida a los estudiantes que los resuelvan de formas originales.

26. Explique de dónde provienen los nombres de Islandia y Groenlandia, y renombre cosas para hacerlas más o menos atractivas.

27. Haga aviones de papel y observe lo diferentes que

pueden llegar a ser.

28. Haga copos de nieve con papel y observe lo diferente que pueden llegar a ser.

29. Asigne un día para limpiar.

30. Haga que los estudiantes renombren a los dinosaurios.

31. Fomente que los estudiantes generen las definiciones de palabras que no conocen.

32. Enseñe a sus estudiantes acerca de relojes solares (en lugar de relojes o teléfonos) y creen uno propio.

33. Discutan: ¿Qué fue lo más original que hiciste o que te sucedió durante el fin de semana?

34. Pregunte, "¿Cuáles podrían ser nuevas aplicaciones para un producto que ya existe?".

35. Pida a sus estudiantes que usando piezas Lego inventen algo y lo presenten.

36. Utilice un generador aleatorio de palabras (http://www.palabrasaleatorias.com/) para modificar asignaturas en diferentes direcciones.

37. Defina originalidad y pida a sus estudiantes que hablen de la persona más original que ellos conocen.

38. Pida a sus estudiantes que traigan ejemplos de lo que es y lo que no es original. Discutan en clase.

39. Pregunte, "¿Cómo es que la naturaleza resolvería...?".

40. Pida a los estudiantes que piensen todas las formas ordinarias o comunes de hacer algo. Luego pídales que lo hagan en una forma no ordinaria.

¡UN POCO MÁS DE IDEAS!

41. Pida a los estudiantes que modelen una entrevista a personajes reconocidos.

42. Cree una canción acerca de las fracciones.

43. Pida a los estudiantes que inventen algo nuevo.

44. Construyan una historia como clase.

45. Divida a la clase en pequeños grupos y dé a cada persona una pequeña cantidad de Play-Doh. Dé al primer estudiante 30 segundos para crear algo, que lo explique y que lo pase al siguiente estudiante. El siguiente estudiante crea algo con ese mismo objeto

por 30 segundos y así sucesivamente.

46. Cree una coreografía para la clase y póngale un nombre. Llévenla a cabo juntos en la clase.

47. Genere un final original para un libro o historia visto en clase.

48. Pida a los estudiantes que construyan una nueva herramienta de escritura utilizando Play-Doh.

49. Pida a los estudiantes que escriban poesía libre como respuesta a imágenes famosas de la época que está siendo estudiada.

50. Lleve a la clase a un safari. Pida a los estudiantes que observen y que vean las cosas a su alrededor como si nunca hubieran visto nada de eso antes.

"CREE UNA COREOGRAFÍA PARA LA CLASE Y PÓNGALE UN NOMBRE. LLÉVENLA A CABO JUNTOS EN LA CLASE."

LENGUAJE PARA SER ORIGINAL

- ¡Eso es único!
- Vamos a buscar algo nuevo.
- Pensemos en una idea que nadie haya pensado antes.
- Innovador
- Nuevo
- Único
- Diferente

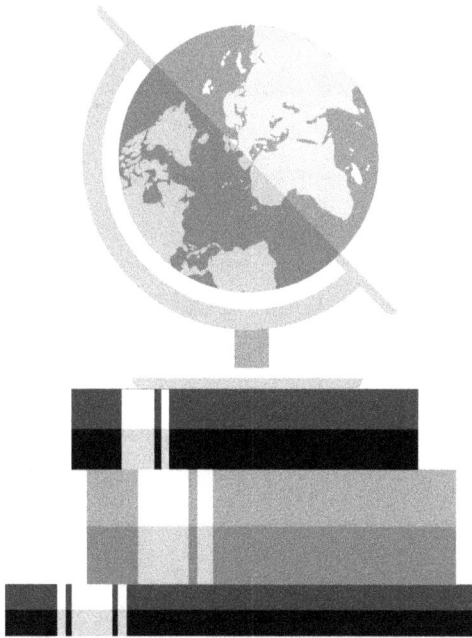

¿TIENE ALGUNAS OTRAS IDEAS PARA INTEGRAR "SER ORIGINAL" EN SU PROGRAMA EDUCATIVO? SI ES ASÍ, ¡ESCRÍBALAS AQUÍ!

....

....

....

....

....

....

....

....

....

....

....

ESTAR CONSCIENTE DE SUS EMOCIONES

ENTENDER LO QUE DIFERENTES PERSONAS PODRÍAN ESTAR SINTIENDO.

Imagine que está platicando con un amigo cercano y usted nota que algo no va bien. Su amigo no le ha comentado nada, pero el cómo está sentado y el tono de su voz le dice que algo anda mal. Usted pregunta "¿Cómo estás?" y entonces la historia sale a relucir.

Esta habilidad nos habla de cómo a través de identificar pistas verbales y no verbales, confiando y respondiendo a las emociones para entender mejor a las personas, uno puede mantenerse consciente de sus sentimientos y los sentimientos de aquellos que le rodean. Como maestro, una gran parte de su trabajo es estar consciente de las emociones para poder liderar de una forma más abierta, incluyente y productiva en el salón de clases. Pero esta habilidad va mucho más allá.

Estar consciente de las emociones es altamente benéfico en todos los niveles creativos de sus estudiantes.[41] De hecho, existen investigaciones que demuestran que los factores emocionales son más importantes para el pensamiento creativo y la generación de ideas que los factores lógicos e intelectuales.[42] [43] Al integrar la consciencia emocional en su salón de clases, usted estará fomentando un ambiente más creativo.

Las siguientes ideas le ayudarán a incorporar el estar consciente de las emociones en su programa educativo y en el salón de clases.

SUGERENCIAS PARA FOMENTAR EL ESTAR CONSCIENTE DE LAS EMOCIONES EN EL SALÓN DE CLASES

1. Busque maneras en las que sus estudiantes expresen y discutan sus emociones.

2. Fomente un ambiente en el que los estudiantes suspendan el juicio con respecto a las ideas de los demás.

41   Sanchez-Ruiz, M.J., Hernandez-Torrano, D., Perez-Gonzalez, J.C., Batey, M., & Petrides, K.V. (2010). The relationship between trait emotional intelligence and creativity across subject domains. Official Journal of the Society for the Study of Motivation, 35(4), 461-473.
42   Torrance, E.P., & Safter, H. T. (1999). Making the Creative Leap Beyond... Buffalo, NY: Creative Education Foundation Press.
43   Gordon, WW (1961). Synectics: The development of creative capacity. New York: Harper & Row.

3. Dirija una sesión diaria para revisar la "temperatura" del grupo. Diez es que se sienten muy bien, y uno es "Hoy no debí haberme levantado de mi cama".

IDEAS QUE PUEDE IMPLEMENTAR RÁPIDAMENTE

4. Al finalizar la clase, distribuya entre sus estudiantes una encuesta de salida: los estudiantes se evalúan a sí mismos en una escala de cómo están y cómo se sienten con respecto a la lección del día

5. Motive a sus estudiantes para hablar o enlistar sus emociones antes de escribir sus respuestas.

6. Trabaje para lograr que la clase tenga menos tiempo enfocada en el desempeño o impresionar a otros y más tiempo para compartir su versión del mundo.

7. Organice un debate entre los estudiantes a cerca de las perspectivas de las decisiones que tomó algún personaje –considere diferentes estados emocionales.

8. Coloque en el salón de clases un cartel con las emociones.

9. Practiquen la gratitud al final de cada case. La

gratitud fomenta la felicidad.

10. Discuta los sentimientos de varios personajes históricos (¿Cómo creen que Gandhi se sentía? ¿Cómo piensan que Monet se sentía?).

11. Utilice ejemplos de películas o libros de cómo los personajes manejan las emociones.

12. Hable con su grupo de lo que es un "secuestro emocional" (http://lifepsychologyandalotmore. blogspot.com/2008/11/emotional-hijacking.html) y cómo controlarlo.

13. Pregunte a sus alumnos, "¿Qué es lo que puede hacerles sentir mejor cuando están tristes, enojados o asustados?".

14. Lean *"Alexander and the Terrible, Horrible, Not Good Day, Very Bad Day"* (Alexander y el Terrible, Horrible, No Buen, Muy Mal Día).

15. Haga que sus estudiantes generen una lista de todo lo que les hace feliz.

16. Hable de los efectos positivos de las mascotas y animales.

17. Motive a sus estudiantes para que recuerden sus sueños ¿Cuál era la emoción que estaba más presente?

18. Muestre piezas de arte y pida a los estudiantes que interpreten las emociones que transmiten.

19. Muestre fotografías con diferentes emociones y pida a sus estudiantes que identifiquen cuáles son.

20. Pida a los estudiantes que lean el mismo poema en un modo "triste" y luego en un modo "feliz".

21. Haga que cada estudiante represente una emoción. Pídales que interactúen entre ellos en una fiesta (quizá sea durante un festejo de cumpleaños).

22. Hagan una lista de todas las maneras de expresar emociones sin tener que hablar.

23. Tengan una conversación del ambiente psicológico del salón de clases. ¿Qué lo hace un ambiente de confianza?

24. Invite a un ponente a su clase para que interactúe con usted. Los estudiantes deben generar notas de las situaciones emocionales que identifiquen.

25. Seleccione un grupo de frases que puedan ser interpretadas de forma diferente dependiendo del contexto emocional. Discuta con la clase.

26. Pida a los estudiantes que lean un capítulo y que se conviertan en "detectives" para que identifiquen las palabras que expresen cómo se sienten los personajes.

27. Organice el grupo en parejas. Pida a cada estudiante que comparta con su compañero detalladamente cómo es que se siente. Cuando ambos estudiantes hayan terminado, pídales que compartan entre ellos lo que escucharon. Los dos estudiantes podrían mostrarse sorprendidos de escuchar sus sentimientos resumidos en las palabras de alguien más.

28. Utilice el ejercicio Símbolo de las Emociones: http://app.box.com/s/8tnm1i4o9h248022mbdx

29. Comparta copias de la Rueda de las Emociones de Plutchik: http://soberanamente.com/wp-content/uploads/2012/09/Emociones.jpg

30. En equipos de dos, pida a sus estudiantes que escriban una emoción que les gustaría expresar sin

mostrársela a su pareja. Pida a cada estudiante que exprese esa emoción utilizando sólo expresiones faciales, luego sólo gestos, después sólo palabras. Al final pida a los estudiantes que revelen la emoción que escribieron.

31. Distribuya entre los estudiantes tarjetas de colores con diferentes emociones para que las coloquen en sus camisas y dejen saber a los demás sus estados emocionales.

32. Pida a los estudiantes que vean diferentes anuncios comerciales. ¿Qué emociones representan dichos anuncios?

33. Pregunte a sus estudiantes "¿Qué harían si no tuvieran miedo?

34. Muestre diferentes secciones de películas y pregunte a sus estudiantes qué emociones se han mostrado.

35. Pida a los estudiantes que observen diferentes objetos animados e inanimados y que traten de identificar qué emoción les provoca. Por ejemplo, ¿Qué les hace sentir ese árbol que ven a través de la ventana? ¿Qué te hace sentir una cuchara?

36. Pida a sus estudiantes que imaginen la vida de un

ave. ¿Cuáles serían todas las emociones que un ave tiene a través del curso del día? ¿Cuáles son las causas y efectos de dichas emociones?

37. Tenga una conversación con la clase de cómo las emociones afectan el aprendizaje.

¡UN POCO MÁS DE IDEAS!

38. Dé a sus estudiantes una pista de inteligencia emocional para que observen durante la tarde. Pida a los estudiantes que registren notas de sus observaciones al final de la clase. Por ejemplo, cuando las personas están conversando, ¿cuáles son sus posturas?

39. Dé a sus estudiantes una habilidad para practicar durante la tarde: sonreír más, motivar a otros en la clase, escuchar atentamente antes de comentar, etc. Pida a la clase que no compartan la habilidad que van a practicar y al finalizar la lección haga que los estudiantes adivinen la habilidad que otros estuvieron practicando.

40. Pida a los estudiantes que creen listas de reproducción para diferentes estados de ánimo.

41. Cree la "semana de listas de reproducción" –¿Qué

compositor genera la música más feliz? ¿La más triste? ¿La más intensa?

42. Pida a los estudiantes que formen parejas y que se pongan uno frente a otro por 60 segundos en silencio mientras se observan a los ojos. Después pídales que escriban todo lo que pensaron y lo que piensan que su compañero pensó durante ese tiempo. Al final, pida a los estudiantes que rompan las hojas donde registraron dichos pensamientos.

43. Ponga indicadores de emociones (feliz, triste, confundido, aburrido, enojado, enfermo, amoroso, etc.) en cada libro, escritorio, casillero, etc. De esta forma los estudiantes pueden expresar sus estados de ánimo y conocer el de los demás.

44. Monte debates en clase para que los participantes observen la diferencia entre debate y conflicto. Pida a los participantes que utilicen las frases "Yo siento___" y "Puedo ver que sientes___" durante los diálogos.

45. Narre una historia sin utilizar palabras. Pida a sus estudiantes que interpreten la historia y comparen sus notas.

46. Pida a los estudiantes que exploren emociones utilizando un juguete de la empatía (¡genial para cualquier edad!): http://twentyonetoys.com/pages/empathy-toy.

47. Asigne una tarea "el proyecto selfie", en donde cada estudiante genera un cartel de emociones utilizando fotos de sí mismo(a).

48. Pida a los estudiantes que escriban haikus que describan diferentes emociones.

49. Pida a los estudiantes que grafiquen sus emociones mientras experimentan un proyecto retador.

50. Pida a los estudiantes que re-diseñen una lección con el objetivo de maximizar su felicidad.

> **ASIGNE UNA TAREA "EL PROYECTO SELFIE", EN DONDE CADA ESTUDIANTE GENERA UN CARTEL DE EMOCIONES UTILIZANDO FOTOS DE SÍ MISMO(A)."**

LENGUAJE PARA ESTAR CONSCIENTE DE LAS EMOCIONES

- ¿Cómo se siente con eso?
- Me siento...
- ¿Cómo cree que se siente él/ella?
- Noté que_____. ¿Cómo se siente?

¿TIENE ALGUNAS OTRAS IDEAS PARA INCORPORAR "ESTAR CONSCIENTE DE LAS EMOCIONES" EN SU PROGRAMA EDUCATIVO? SI ES ASÍ, ¡ESCRÍBALAS AQUÍ!

....

....

....

....

....

....

....

....

....

....

¡HACERLO GIRAR! ¡HACERLO SONAR!

INCORPORAR EL USO DEL MOVIMIENTO Y EL SONIDO.

Todos hacemos esto: cantar en la regadera, bailar en la sala cuando nadie está en casa, tararear alguna canción mientras manejamos. A veces hasta inventamos canciones para ayudarnos a recordar números telefónicos. Al hacer esto, estamos mejorando nuestra propia creatividad, y la creatividad de quienes nos rodean.

Esta habilidad se trata de utilizar la kinestesia y el sentido auditivo, así como responder al sonido y movimiento. De hecho, el movimiento y el sonido son herramientas ideales para ayudarnos a reforzar y desarrollar nuestras mentes creativas.[44] [45] Esta habilidad es extremadamente

44 Clarke, A., & Cripps, P. (2012). Fostering creativity: A Multiple Intelligences approach to designing learning in undergraduate fine art. International Journal of Art & Design Education, 31(2), 113-126.
45 Torrance, E.P., & Safter, H. T. (1999). Making the Creative Leap Beyond... Buffalo, NY: Creative Education Foundation Press.

útil para el desarrollo del pensamiento creativo y, como maestros, tenemos la oportunidad de incorporarlo en nuestro salón todos los días. De hecho, existe investigación que muestra que "hacerlo girar", o utilizar actividades físicas y calentamientos, pueden ayudar a los estudiantes a entender, internalizar y recordar información y lecciones abstractas;[46] [47]y hacerlo sonar o utilizar ejercicios auditivos y tonos musicales, puede mejorar la memoria de los alumnos, así como su expresión creativa.[48]

Las siguientes ideas le ayudarán a incorporar ¡hacerlo girar! ¡hacerlo sonar! en su programa educativo y el salón de clases.

SUGERENCIAS PARA ¡HACERLO GIRAR! ¡HACERLO SONAR! EN EL SALÓN DE CLASES

1. Sea un ejemplo positivo del movimiento en clase.

2. Incorpore el movimiento en sus lecciones –moverse de escritorio en escritorio, tomar clases fuera del salón, cantar canciones que se relacionen con la clase, etc.

---

46 Griss, S. (1994). Creative movement: A language for learning. Educational Leadership, 51, 78-80.
47 White, A.W. (1976). The effects of movement, drawing, and verbal warm-up upon the performance of fourth graders on a figural test of creative thinking. Dissertation Abstracts International, 37, 4248A.
48 Armstrong, T. (1994). Multiple intelligences in the classroom. Alexandria, VA: ASCD.

3. Motive a sus estudiantes para que se inscriban a actividades como el coro o banda de la escuela, hacer deporte, danza, gimnasia, etc.

IDEAS QUE PUEDE IMPLEMENTAR RÁPIDAMENTE

4. Organice el grupo en equipos de 5-6, pida a los estudiantes que creen cualquier objeto utilizando sus cuerpos haciendo un sonido ninja.

5. Pida a los estudiantes que formen un círculo con los ojos cerrados. Pase dando una palmadita a cada uno de los estudiantes para que hagan un sonido diferente. Al final, pida a sus alumnos que abran los ojos y que adivinen quién hizo qué sonido.

6. Incorpore movimiento físico relacionado con la esencia de un tema o concepto.

7. Pida a sus estudiantes que imiten la pose de una escultura o personaje histórico que estén estudiando.

8. Pida a los estudiantes que dibujen al ritmo de la música.

9. Utilice sonidos para distinguir diferentes áreas

urbanas, rurales o suburbanas.

10. Comparta con sus estudiantes la Ted Talk "*Everyday Moments Cuaught in Time*" :http://www.ted.com/talks/ billy_collins_everyday_moments_caught_in_time

11. Organice "el juego del espejo": los estudiantes se organizan en pares, una persona es el líder y el otro lo sigue. El estudiante líder se mueve y su pareja refleja el mismo movimiento.

12. Haga que sus estudiantes creen canciones basadas en conceptos o temas vistos en clase.

13. Pida a los estudiantes que pongan atención a los sonidos de la lección.

14. Hagan sonidos acerca de lo que se está aprendiendo.

15. Pregunte a sus estudiantes "¿Cómo suena la Tierra?".

16. Pida a sus estudiantes que hagan una expresión física para transmitir una emoción.

17. Pida a sus estudiantes que usen sus cuerpos para demostrar que conocen algún tema visto en clase.

18. Pida a sus estudiantes que se muevan basándose en

la postura que toman frente a un debate.

19. Comparta con sus estudiantes canciones que se relacionen con la clase.

20. Pida a sus estudiantes que jueguen fuera del salón para dejar que suceda la incubación.

21. Pida a sus estudiantes que lancen y atrapen un balón mientras tratan de memorizar algo.

22. Organice el juego "caminemos así" para mantener al grupo en movimiento. Los estudiantes eligen un líder y tendrán que caminar de la misma manera que el líder lo hace.

23. Haga un calentamiento físico de cinco minutos antes de iniciar clase.

24. Practique ejercicios de gimnasia cerebral en clase.

25. Pida a los estudiantes que creen movimientos para conceptos que encuentran complicados de recordar.

26. Permita que los estudiantes se sienten como ellos quieran.

27. Pida a los estudiantes que busquen el periodo

musical que más se relacione con su época histórica favorita.

28. Ponga una tabla angosta y un poco elevada al frente del salón y pida a sus estudiantes que presenten mientras se paran o caminan en la tabla.

29. Cuando los estudiantes lean en voz alta, pídales que se pongan de pie.

30. Pida a sus estudiantes que bailen como ellos piensan que un personaje histórico lo haría.

31. Pida a sus estudiantes que "bailen" una ecuación matemática.

32. Pida a sus estudiantes que canten como ellos creen que algún héroe nacional lo haría.

33. Enseñe conceptos matemáticos aplaudiendo números y creando ritmos.

34. Cuando estén aprendiendo acerca de lugares o sucesos históricos, pida a los estudiantes que imaginen y creen los sonidos y movimientos que puedan estar relacionados con la lección.

¡UN POCO MÁS DE IDEAS!

35. Asigne un proyecto multimedia en el que los estudiantes utilicen música y graben sonidos e imágenes.

36. Permita que los estudiantes entreguen algunas tareas en diferentes formatos –escribir una canción de rap, hacer un video, etc.

37. Prepare una clase en la que los estudiantes generen los efectos de sonido.

38. Genere un "sonidorama" (en lugar de panorama) para representar un concepto.

39. Cree un juego de mesa "vivo" en donde los estudiantes sean las piezas.

40. Cambie la letra de canciones populares para enseñar una lección.

41. Explique con mímica una lección entera. Por ejemplo: la fotosíntesis.

42. Invente canciones para recordar información clave (direcciones, números telefónicos, deletrear apellidos, momentos históricos, etc.).

43. Ponga música de transición entre módulos.

44. Pida a los estudiantes que representen una lección sólo con sus manos o pies.

45. Pida a los estudiantes que re-escriban algún momento histórico.

46. Organice el experimento mp3 con el plan de alguna lección (http://improveverywhere.com/mission/the-mp3-experiments/).

47. Organice una fila de "conga" para conceptos matemáticos, vocabulario, historia, fechas, o cualquier cosa que requiera ser memorizada.

48. Si es posible, ponga música de fondo que haga sentido con la lección (ponga la música de la película Tiburón, mientras habla de tiburones, o alguna música de época cuando se estudie historia).

49. Haga que todos se saluden de mano en alguna clase.

50. Organice una fiesta de baile de 30 segundos.

LENGUAJE PARA ¡HACERLO GIRAR! ¡HACERLO SONAR!

- ¿Lo escucharon?
- ¡Escuchen!
- Eso suena como...
- ¡Bailemos!
- ¡Sacúdanse!
- ¡Vamos a movernos!

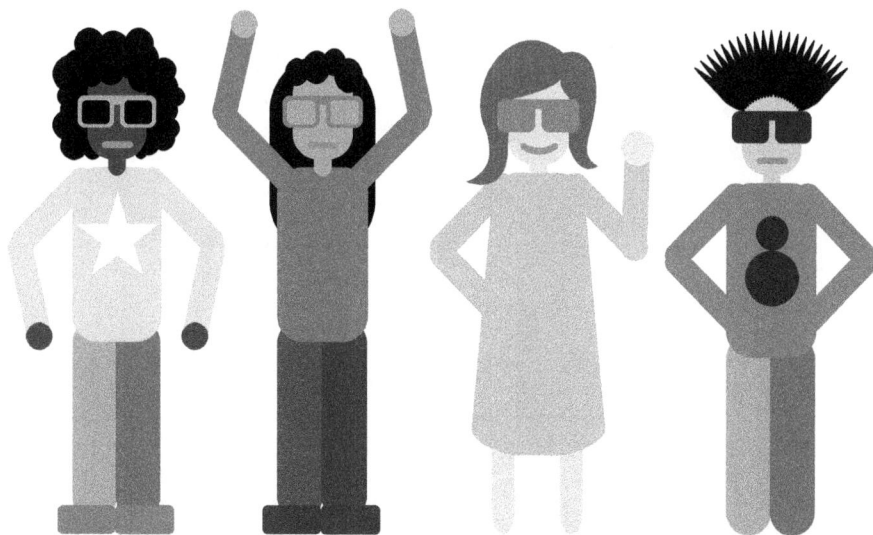

¿TIENE ALGUNAS OTRAS IDEAS PARA INTEGRAR "¡HACERLO GIRAR! ¡HACERLO SONAR!" EN SU PROGRAMA EDUCATIVO? SI ES ASÍ, ¡ESCRÍBALAS AQUÍ!

....

....

....

....

....

....

....

....

....

....

....

MANTENER UNA MENTE ABIERTA

POSPONGA EL JUICIO.

¿Cuándo fue la última vez que estuvo preguntando por ideas para un proyecto que no sabía cómo abordar? Lo más seguro es que usted haya aceptado algunas opciones con apatía, hasta que encontró una idea que realmente representaba la solución que buscaba. ¡Eso es! Usted exclama, y corre a ponerla en práctica. Pero, ¿realmente era la mejor opción... o quizá la más simple?

Esta habilidad nos ayuda a resistirnos frente al cierre prematuro y al deseo de completar cosas de la forma más simple y rápida. Especialmente los estudiantes tienden al cierre prematuro; con el estrés de aprender nuevas cosas y en apuros para asimilar conceptos, es fácil decir "¡Sí, esa es la mejor opción!" De cualquier manera, sólo porque era la primera "buena" solución, eso no significa que es la mejor –como muchos modelos de solución creativa de problemas confirman.[49]

---

49 Torrance, E.P., & Safter, H. T. (1999). Making the Creative Leap Beyond... Buffalo, NY: Creative Education Foundation Press.

Mantenerse abierto a nuevas ideas es conocido en el mundo científico como la característica más prominente de la persona creativa.[50] [51] Como maestros, podemos motivar la apertura a través de recordar a nuestros estudiantes que pospongan el juicio –tanto el positivo como el negativo, y que esperen hasta que todas las opciones estén en la mesa antes de elegir una. La apertura mental también es altamente valorada en las relaciones creativas, como la que existe entre un maestro y su estudiante. Cuando la apertura mental está presente, los dos individuos están permitiéndose un nivel más alto de relación entre ellos, [52] esto es sumamente importante pues crea un espacio seguro en el salón de clases que todos los maestros buscan.

Las siguientes ideas muestran la incorporación de mantenerse abierto en el programa educativo y el salón de clases.

SUGERENCIAS PARA MOTIVAR LA MENTE ABIERTA EN EL SALÓN DE CLASES

1. Encuentre la diversión en el proceso.

2. Pregunte constantemente ¿Qué más?

---

50 Davis (1992). Creativity is forever (3rd ed.). Dubuque, IA: Kendall-Hunt.
51 Rogers, C.R. (1979). Freedom to learn. London: Charles C. Merrill.
52 Moustakas, C.E. (1977). Creative life. New York, NY: Wiley & Sons, Inc.

3. Enseñe el concepto de suspender el juicio.

4. Relájese, escuche y entienda.

IDEAS QUE PUEDE IMPLEMENTAR RÁPIDAMENTE

5. Cuelgue un cartel en la puerta con la leyenda "Mantén una mente abierta".

6. Presente una "idea mala" a los estudiantes y pídales que se mantengan abiertos y que primero encuentren una cosa que les guste de ella.

7. Motive a sus estudiantes para que hagan una lluvia de ideas de nuevas posibilidades para posponer el juicio.

8. Comparta un problema complejo y enfóquese en el "por dónde comenzar".

9. Presente problemas matemáticos que tengan más de una solución.

10. Porte algún accesorio extraño como parte de su atuendo y pida a los estudiantes que compartan lo qué les gusta del accesorio.

11. Pida a los estudiantes que hagan un dibujo sin

despegar el lápiz del papel.

12. Lleve a cabo un experimento que tenga el potencial de funcionar (o de no funcionar). Pida a los estudiantes que mantengan una mente abierta.

13. Organice el juego "pasar el poema" –cada estudiante escribe una línea basándose exclusivamente en la línea previa (el resto debe ser cubierto doblando el papel). El maestro escribe la primera línea.

14. Literalmente –mantenga las cosas abiertas (ventanas, puertas, libros) para ver qué otras cosas pueden entrar (hojas de árboles, el viento, personas, polvo). Utilice esta actividad como una metáfora para mantener mentes e ideas abiertas.

15. Organice un ejercicio en el que los estudiantes tengan que terminar cada enunciado con "y además...".

16. Hable de algo que nunca tendrá un final o será completado.

17. Pida a los estudiantes que generen una lista de 20 ideas para un proyecto antes de escoger uno.

18. Cuando haga una pregunta al grupo, no se quede

con la primera respuesta como correcta –pida a los estudiantes que piensen en respuestas alternativas. Enséñeles que existen muchas formas de mirar las cosas.

19. Encuentre historias o fábulas acerca de gente que se detuvo muy pronto o que tomó el camino más fácil, para así motivar la exploración de opciones.

20. Tenga un coeficiente de errores por día –el número de veces que lo han intentado y que deben seguir intentando.

21. Cubra los ojos de sus estudiantes. Reparta a cada uno objetos con texturas, olores, formas diversas e inusuales. Pídales que imaginen todas las cosas posibles que el objeto podría ser.

22. Utilice la improvisación para motivar la apertura mental frente a situaciones nuevas.

23. Organice el juego "Pasar el Dibujo" –en equipos de dos pasen un dibujo de uno a otro, cada vez añadiendo algo y cambiando el dibujo como crean conveniente.

24. Muestre una foto con todo el zoom posible y poco a poco aleje la imagen. En cada etapa, pida a los

estudiantes que compartan lo que la foto podría ser.

25. Como clase experimente con ideas sin tener un resultado en mente.

26. Dentro del salón de clases cuelgue carteles que muestren ideas que alguna vez fueron rechazadas pero que ahora son aceptadas.

27. Traiga casos de estudio relacionados con la lección que estén basados en historias de personas cuyas ideas no funcionaron al principio pero que ahora funcionan bien (como el juego *Angry Birds*).

28. Pida a los estudiantes que imaginen imposibilidades. Por ejemplo: gente que puede volar, animales cuadrúpedos caminando en dos pies, etc.).

29. Proyecte un video corto hasta el momento del conflicto. Pida a los estudiantes que discutan posibles resoluciones y resultados.

30. Explore Wikipedia con sus estudiantes para encontrar un buen punto de partida y seguir vínculos de forma aleatoria. Hagan conexiones entre el tema visto en clase y la página visitada. Al analizar la actividad, motive a los estudiantes para que busquen ideas en lugares poco comunes.

31. Tengan un día de vestir ropa que no combine.

32. Haga que sus estudiantes experimenten con dos materiales diferentes (y seguros) y ver qué es lo que pueden crear.

33. Ponga música foránea que los estudiantes no hayan escuchado antes. Pídales que mantengan una mente

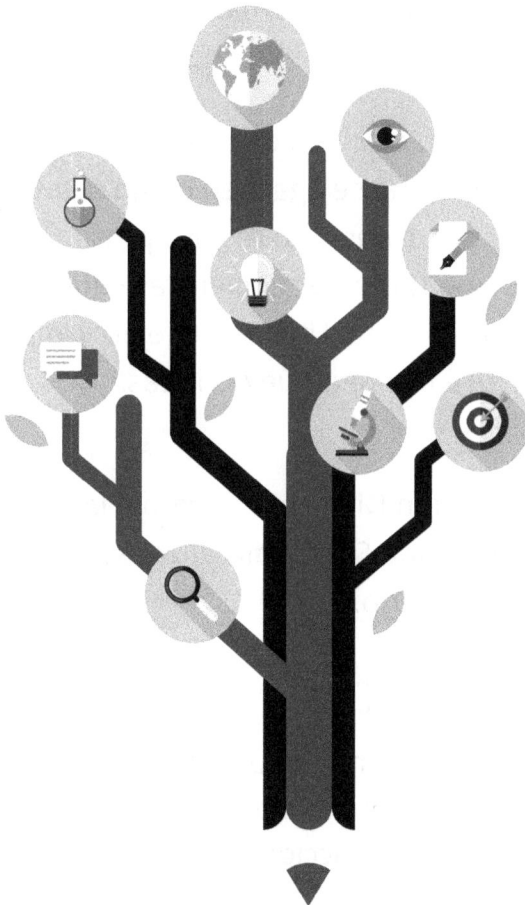

abierta.

34. Pida a uno de sus estudiantes que diga una historia utilizando un lenguaje sin sentido. Pregunte a los demás estudiantes que adivinen de qué se trató la historia, basándose en el tono de voz y el lenguaje corporal.

35. Exploren diferentes formas de resolver un problema matemático.

36. Conduzca un ejercicio de respiración. Pida a los estudiantes que se agachen como si tuvieran una joroba y que tomen un respiro profundo. Luego pídales que tomen aire mientras están parados en una postura recta. Utilice este ejercicio para explicar la apertura frente a nuevas ideas.

37. Juegue "Simón Dice", pero cambie las reglas. En lugar de hacer lo que Simón dice, los estudiantes harán todo lo contrario.

¡UN POCO MÁS DE IDEAS!

38. Encuentre un libro con una portada poco atractiva y una gran historia. Pida a los estudiantes que compartan sus reacciones sobre el libro antes y

después de leerlo.

39. Pida a los estudiantes que defiendan perspectivas con las que no están de acuerdo.

40. Motive a sus estudiantes para que practiquen el escucharse los unos a los otros sin estar pensando en las respuestas de lo que escuchan.

41. Organice un día de probar comida diferente con los ojos vendados. Después de que revele de qué comida se trataba pregunte a sus estudiantes si la hubieran probado por su cuenta.

42. Enseñe dos teorías científicas opuestas. Organice un debate en donde los estudiantes deban señalar qué hace sentido del argumento opuesto antes de responder.

43. Asigne a los estudiantes un proyecto. Cada día haga una revisión del proceso y luego cambie las reglas (o cambie el juego) un poco para hacerlos replantearse la situación. Recuérdeles que es normal sentirse frustrado por no haberlo terminado, pero que es parte del mundo en el que vivimos.

44. Cada día dé a sus estudiantes un objeto para añadir a su proyecto de escultura. Pídales que visualicen el final antes de terminarlo (diga a la clase lo que están

construyendo) pero no lo terminen de inmediato

45. Tenga en clase un tarro de "posponer el juicio". Cuando un estudiante escuche una idea que no le guste, escribe la idea y los problemas que observa en la idea y pone el papel en el tarro. Después de discutir los aspectos positivos de la idea, se abre el tarro.

46. Pida a los estudiantes que traigan a la clase las peores ideas que se les puedan ocurrir con respecto al tema que están revisando, y luego pídales que encuentren lo que es bueno de ellas.

47. Trabaje con un colega experto en otra área y enseñen una clase juntos. Por ejemplo, la Guerra Fría desde una perspectiva científica.

48. Dé a los estudiantes materiales para hacer una pintura, y pídales que la creen de forma continua sin planear el resultado final.

49. Tomen la clase fuera del salón y jueguen fútbol, basquetbol, etc. Muestre a los estudiantes que cuando se mantienen abiertos en el campo, tienen más posibilidades de tener el balón. Haga la conexión para hacer que lo piensen.

50. Pida a los estudiantes que escriban historias hasta el clímax. Después, pídales que intercambien sus historias y que terminen el trabajo de alguien más.

LENGUAJE PARA MANTENER UNA MENTE ABIERTA

- Posponga el juicio.
- Manténgase abierto a las posibilidades.
- ¡No tomemos una decisión aún!
- Vamos a darle algo de tiempo.

¿TIENE ALGUNAS OTRAS IDEAS PARA INTEGRAR "MANTENER UNA MENTE ABIERTA" EN SU PROGRAMA EDUCATIVO? SI ES ASÍ, ¡ESCRÍBALAS AQUÍ!

....

....

....

....

....

....

....

....

....

....

VISLUMBRAR EL FUTURO

IMAGINE LO QUE ESTÁ POR VENIR.

En dónde se ve en diez años? ¿Qué tal en veinte? Ahora, ¿en dónde ve a sus estudiantes en diez y veinte años? ¿Qué nuevas tecnologías cree que existirán? ¿Sus estudiantes serán inventores, políticos, activistas, escritores? ¿Entrarán a la universidad o comenzarán a trabajar en cuanto terminen la escuela? ¿Será el futuro bueno para ellos –y ellos crearán un mejor futuro?

Esta habilidad comprende el predecir, imaginar, y el explorar oportunidades y situaciones que aún no existen. Algunas investigaciones muestran que el vislumbrar el futuro hace que los estudiantes tengan más probabilidades de perseguirlo e incluso dominar los problemas que desean resolver y los objetivos que desean alcanzar.[53] [54] [55] En resumen, la visualización motiva la creatividad artística y

53   de Brabandere, L., & Iny, A. (2010). Scenarios and creativity: Thinking in new boxes. Technological Forecasting and Social Change, 77(9), 1506-1512.
54   Isham, D. (1997). Developing a computerized interactive visualization assessment. Journal of Computer-Aided Environmental Design and Education, 3(1), 1-15.
55   Torrance, E.P., & Safter, H. T. (1999). Making the Creative Leap Beyond... Buffalo, NY: Creative Education Foundation Press.

científica en los estudiantes y viceversa. [56] [57]

Como maestros, es especialmente esencial para nosotros el resaltar la importancia de esta habilidad en nuestros estudiantes. A través de imaginar y vislumbrar el futuro, los estudiantes podrían sentirse más motivados a convertir esa visión en una realidad. Si no les mostramos que el futuro está en sus manos, quizá no sepan qué hacer una vez que llegue ese momento.

Las siguientes ideas muestran la incorporación de vislumbrar el futuro en el programa educativo y el salón de clases.

SUGERENCIAS PARA INTEGRAR VISLUMBRAR EL FUTURO EN EL SALÓN DE CLASES

1. Traiga telescopios, binoculares, y caleidoscopios para entrar en un estado mental de exploración y creatividad.

---

56 Allen, A.D. (2010). Complex spatial skills: The link between visualization and creativity. Creativity Research Journal, 22(3), 241-249.
57 Kozhevnikov, M., Kozhevnikov, M., Yu, C.J., & Blazhenkova, O. (2013). Creativity, visualization abilities, and visual cognitive style. British Journal of Educational Psychology, 83, 196-209.

IDEAS QUE PUEDE IMPLEMENTAR RÁPIDAMENTE

2. Pregunte a sus alumnos ¿Qué es un futurista? Pida a sus estudiantes que nombren algunos futuristas.

3. Organice el juego "¿Qué pasaría si?". Por ejemplo ¿Qué pasaría si existiera la tele-transportación? ¿Qué efectos tendría?

4. Pregunte "¿Qué cosas no cambiarán en el futuro?", ¿Por qué no?".

5. Como clase lean algunos artículos de *Save Tomorrow for the Children* (Salvemos el Futuro para los Niños).[58] Predicciones estudiantiles describen 2010 y fue escrito en 1980. ¿Podríamos decir que los estudiantes acertaron con sus predicciones? ¿Cómo visualizan el mundo 20 años después?

6. Pregunte a sus alumnos ¿Cómo se veía su colonia ____ años atrás? ¿Cómo se ve ahora? ¿Cómo se verá en ____ años? Pida a los estudiantes que lo dibujen o que utilicen sus computadoras.

7. Traiga una bola de cristal al salón, pida a sus estudiantes que hablen de lo que ven que pasará en cinco años.

---

58 Torrance, E.P., Weiner, D., & Presbury, J.H. (1987). Save tomorrow for the children. Buffalo, NY: Bearly Ltd.

8. Reparta a cada uno de sus estudiantes una varita mágica del tiempo. Cuando la agitan, ¡listo! Estamos diez años adelante. ¿Qué está pasando?

9. Pregunte a sus estudiantes cómo sería un edificio del futuro si se comportara como un árbol (captura de carbono, generación de oxígeno, añaden belleza al entorno, etc.).

10. Pida a los estudiantes que hagan una lista de cosas que aún no existen.

11. Motive a sus estudiantes a imaginar un estudiante tratando de resolver el mismo problema en 50 años. ¿Cómo lo resolvería? ¿Qué herramientas utilizaría?

12. Deje que los estudiantes "sean" un clima. ¿Cómo cambiarían las cosas?

13. Pida a los estudiantes que hagan una lista de deseos de nuevas aplicaciones y programas de computadora.

14. Escuche las ideas de los estudiantes con respecto a la comunidad. ¿Cuáles son algunas cosas que podrían solucionar un problema, generar nuevos empleos o contribuir con algo nuevo en el futuro?

15. Parecido a la Bella Durmiente, pida a los estudiantes que imaginen que han estado dormidos por 100, 500 o 1000 años. Pídales que dibujen lo que imaginaron que el mundo será cuando despierten.

16. Lean historias de *Choose Your Own Adventure* (Elige Tu Propia Aventura) en clase.

17. Pida a los estudiantes que encuentren historias de ciencia ficción que se relacionen con los temas que están viendo en clase y haga que piensen acerca de cuáles son las implicaciones de lo que observaron.

18. Pida a los estudiantes que se escriban una carta a sí mismos y que incluya los objetivos que quieren cumplir en un año. Hágales llegar esa carta un año después.

19. Tenga revistas actuales en su salón de clases para que los estudiantes puedan leerlas detenidamente y discutan los efectos de lo que está sucediendo en la actualidad.

20. Pida a los estudiantes que en grupos lean acerca de alguna tecnología emergente o tendencias sociales, luego revisen las implicaciones de su implementación en diferentes contextos.

21. Como clase, busquen personas que ya estén viviendo en el futuro (el futuro de la moda, tendencias, etc.).

22. Lea blogs de futuristas y tráigalos a clase.

23. Pida a los estudiantes que busquen tendencias en Twitter y que traten de predecir qué sucederá en las siguientes semanas.

24. Pida a los estudiantes que imaginen cómo es que la gente escuchará música en el futuro (la historia muestra discos de acetato, casetes, CDs, iPods, y La Nube).

25. Enseñe matemáticas en un contexto con grandes cantidades de información. Piensen cómo resolver problemas matemáticos cuando Google lo sabe todo. ¿Cuál es el rol de un matemático humano?

26. Pida a sus estudiantes que piensen cómo será la comunicación entre ellos en cinco años. ¿En diez años? ¿Tendremos palabras, o habrá otra forma de comunicarnos?

27. Piense cómo será el salón de clases en diez años. ¿Cuáles serán las mejores formas de aprender? Acomode el salón para ajustarse a la visión de sus estudiantes.

28. Pida a sus estudiantes que imaginen la primera persona en llegar a Marte. ¿Cómo se ve el planeta desde su perspectiva?

29. Pregunte ¿Cómo se comunicaría con la primera forma de vida alienígena que se encuentre? ¿Cuáles serían las cosas más importantes acerca de la Tierra para compartir con el alienígena?

30. Pregunte ¿Qué haría con su vida si supiera que va a vivir 1000 años? ¿Cuál sería el efecto en la sociedad?

31. Pida a los estudiantes que piensen en todos los robots que podrían hacer su vida más fácil.

32. Pregunte ¿Cuál sería el mejor deporte para jugar en el espacio?

¡UN POCO MÁS DE IDEAS!

33. Como clase, revisen libros como *The Extreme Future* (El Futuro Extremo) de James Canton. Piensen en cómo sería el futuro.

34. Pida a sus estudiantes que escriban o dibujen qué viene después de la Era de la Tecnología. Pida a sus estudiantes que nombren la siguiente o las siguientes

dos eras que vendrán en los próximos mil años.

35. Organice una "Semana del Futuro" y cada día tenga un proyecto. Por ejemplo: Diseñar el auto del futuro o máquina transportadora, Diseñar nuevos zapatos, un estilo de moda diferente, Describir los sonidos de la música del futuro, Describir la vida en el espacio o planeta colonizado, etc.

36. Pida a los estudiantes que escriban un artículo de revista con la fecha de diez años adelante.

37. Pida a sus estudiantes que pretendan que son de una era pasada y pídales que observen cosas ordinarias, teléfonos, carros, videojuegos, etc. Pídales que se vistan como en esa época y exploren y utilicen esos objetos.

38. Utilice la herramienta historieta con dibujos para ayudar a los estudiantes a imaginar cinco pasos adelante –si se ve así ahora (primer recuadro) ¿Cómo se verá en diez años (recuadro 6)?

39. Motive a sus estudiantes para ir a lugares que les permitan preguntarse cosas –como el planetario, el bosque, un museo de arte, etc.

40. Pida a sus estudiantes que generen un plan (real o

ficticio) de un día de campo para la clase.

41. Al inicio de cada clase, pida a los estudiantes que escriban una predicción de su aprendizaje y póngalo en un sobre sellado. Al finalizar el año, devuelva el sobre a los estudiantes y discutan los resultados.

42. Organice una reunión de la clase en donde todos asistan a la clase como ellos en cinco o diez años.

43. Motive a sus estudiantes que inventen futuros utilizando videojuegos como *The Sims*.

44. Pida a los estudiantes que inventen un producto o servicio que será necesario en diez años en el futuro. Pídales que imaginen las partes que no son posibles actualmente.

45. Pida a los estudiantes que inventen instrumentos musicales que quizá existan en el futuro.

46. Pida a la clase que añadan 20 nuevas palabras al diccionario considerando objetos y situaciones que aún no existen.

47. Pida a los estudiantes que escriban una profecía del futuro.

48. Como clase, inventen "retrónimos" para las cosas que necesitaremos explicar a futuras generaciones (por ejemplo, un teléfono de disco era un teléfono hasta que aparecieron los teléfonos móviles).

49. Pida a los estudiantes que construyan un modelo de alguna forma de transporte para el año 2115.

50. Pida a los estudiantes que creen comerciales para productos futuros.

> " PIDA A LOS ESTUDIANTES QUE INVENTEN INSTRUMENTOS MUSICALES QUE QUIZÁ EXISTAN EN EL FUTURO."

LENGUAJE PARA VISLUMBRAR EL FUTURO

- Pensemos en el futuro.
- Imaginen cómo sería _____.
- Predecir...
- Visualizar...
- ¿Qué pueden predecir?

¿TIENE ALGUNAS OTRAS IDEAS PARA INTEGRAR "VISLUMBRAR EL FUTURO" EN SU PROGRAMA EDUCATIVO? SI ES ASÍ, ¡ESCRÍBALAS AQUÍ!

....

....

....

....

....

....

....

....

....

....

ROMPER Y EXTENDER LOS LÍMITES

PENSANDO FUERA DE LOS REQUERIMIENTOS PREDEFINIDOS.

¿Alguna vez ha tenido a algún estudiante que se conformaba con dar respuestas ordinarias a preguntas intrigantes? Seguro la respuesta aplicaba y resolvía el problema de primera mano, pero le hacía falta la innovación y el entusiasmo que usted buscaba. Entonces un día, con toda la frustración, usted le pide a su estudiante que "piense fuera de la caja" –y entonces su estudiante lo sorprende con una respuesta completamente fuera de lo normal.

Esta habilidad se trata de pensar fuera de los requerimientos establecidos. Quizá lo conozca mejor como "pensar fuera de la caja" –pero queremos que piense en esta habilidad como algo más allá de esa frase común. Expandir los límites es una habilidad que todo el mundo posee; se trata de romper los límites que nosotros mismos hemos definido. Esta habilidad puede ser desarrollada y pulida a través de la práctica, y además es esencial para la creatividad y la solución de problemas.[59] [60]

Como maestros podría parecernos difícil incluir este tipo de pensamiento en las lecciones y en los salones de clases. Muchos de nosotros debemos seguir ciertos lineamientos y enseñar ciertos temas que deberán evaluados.

De cualquier manera, pensar fuera de los requerimientos prescritos, y alejar el foco de solamente las habilidades de análisis, puede permitir que los estudiantes tengan un pensamiento innovador y que generen soluciones que jamás imaginaron para problemas comunes.[61] [62] [63]

Las siguientes ideas resaltan la incorporación de romper y extender los límites en su programa y salón de clases.

SUGERENCIAS PARA ROMPER Y EXTENDER LOS LÍMITES EN EL SALÓN DE CLASES

1. Pregunte "¿Qué pasaría si...?" al menos tres veces al día.

59 Blendinger, J., & McGrath, V. (2000). Thinking outside the box: A self-teaching guide for educational leaders. ED441874.
60 Gibbons, J. & Gray, M. (2004). Critical thinking as integral to social work practice. Journal of Teaching in Social Work, 24(1-2), 19-38.
61 Deacon, S. & Thomas, V. (2000). Discovering creativity in family therapy: A theoretical analysis. Journal of Systematic Therapies, 19(3), 4-17.
62 Ringel, S. (2003). The reflective self: A path to creativity and intuitive knowledge in social work practice education. Journal of Teaching in Social Work, 23(3/4), 15–28.
63 Starko, A. (1995). Creativity in the classroom. New York: Longman Publications.

2. Pida a los estudiantes que imaginen que no existen límites antes de comenzar a generar ideas o soluciones.

3. Cuando un estudiante tenga un problema, hágale las siguientes preguntas: "¿Por qué?" y "¿Qué te detiene?"

IDEAS QUE PUEDE IMPLEMENTAR RÁPIDAMENTE

4. Comparta con los estudiantes cinco temas diferentes y pídales que encuentren las conexiones entre ellos.

5. Pida a los estudiantes que no utilicen uno de los cinco sentidos –¿Cómo es que los demás mejoran su función?

6. Dibuje un círculo en el piso y pida a todos que se ubiquen dentro de él. Para poder salir, cada estudiante debe compartir un nuevo uso para una escoba.

7. Pida a los estudiantes que imaginen que todos están en una caja. Pida que le compartan formas novedosas para salir de la caja.

8. Si quiere pensar fuera de la caja, primero haga una lista de todo lo que se encuentra dentro de ella.

9. Haga que la clase practique el conectar cosas que no están relacionadas.

10. Tome diferentes imágenes de revistas y pida a sus estudiantes que identifiquen cosas que tienen en común, separe las imágenes cortándolas y formen nuevas conexiones.

11. Añada como última pregunta en un examen: "¿Existe algo en este examen que te gustaría cuestionar?".

12. Organice las sillas del salón de cualquier otra forma excepto filas.

13. Pida a los estudiantes que tomen turnos para sentarse en el lugar del profesor una vez por semana.

14. Como clase jueguen *"MadLibs"*.

15. Utilice elásticos para ejemplificar cómo es que los límites se pueden extender más allá de lo que pensaríamos normalmente.

16. Comparta con sus estudiantes el reto de los nueve puntos: http://www.permadi.com/fpcgi/9dots/

17. Pida a sus estudiantes que piensen en lo que pasaría si hubiera una limitante menos en algún problema

que estén resolviendo.

18. Pida a sus estudiantes que elijan a un superhéroe y que piensen cómo él o ella resolvería el problema.

19. Comparta con sus estudiantes un problema matemático muy complejo, pero no la manera de resolverlo.

20. Pida a sus estudiantes que piensen en un evento histórico. Imaginen qué otra cosa estaba sucediendo y que no fue captada en la historia.

21. Invite a sus estudiantes que tomen asiento de forma en la que estén cómodos, por ejemplo, en el piso o en un escritorio.

22. Sorprenda a sus estudiantes dando la lección en un salón diferente al que usan normalmente, por ejemplo, ciencias en el gimnasio.

23. Dé una clase de matemáticas en la alberca de la escuela.

24. Pida a la clase que generen una lista de diferentes palabras que tienen diferentes significados en diferentes culturas.

25. Mueva las sillas y mesas en el salón acomodándolas de una forma inusual. Discuta con sus alumnos cómo se siente sentarse de una forma diferente a "lo normal".

¡UN POCO MÁS DE IDEAS!

26. Resalte la Biomimética: utilicen ideas de la naturaleza para diseñar soluciones.

27. Comparta un problema ambiguo (¿Cuál es el sonido de una mano aplaudiendo?) sin instrucciones para resolverlo. Pida a los estudiantes que presenten sus respuestas después de una semana en un minuto o menos.

28. Pida a los estudiantes que escriban un poema –sin utilizar pluma, lápiz, gis, marcadores, computadora, papel o cualquier material tradicional para escribir.

29. Pida a los estudiantes que identifiquen cómo se crea algo y que generen un reporte.

30. Pida a los estudiantes que elijan algún deporte común y que creen nuevas reglas que cambien radicalmente cómo se juega y cómo se gana. Visualicen si nuevo equipo deportivo es necesario.

31. Organice la clase bajo un árbol. Reflexionen en la experiencia de expandir el espacio físico para el aprendizaje.

32. Combine diferentes grupos y grados y enseñe una clase que todos puedan entender y disfrutar. Pida que discutan con respecto a lo que aprendieron de cada perspectiva.

33. Pida a sus estudiantes que compartan una historia relacionada con cierto tema. Mientras crean la historia, pida a los estudiantes que tomen un objeto de una bolsa de objetos inusuales y que incluyan el objeto seleccionado en la historia.

34. Coloque un plástico transparente estirado entre dos postes y pida a los estudiantes que lo atraviesen. Después de que batallen para lograrlo, discutan el enfoque y creatividad que son necesarios para romper con las barreras.

35. Reparta dibujos a sus estudiantes y pídales que iluminen la parte negativa del espacio para resaltar y dar vida al dibujo.

36. Pida a sus estudiantes que piensen en la peor forma de solucionar un problema, y que lo empeoren. Motive que piensen en qué les dice eso del problema y qué ideas surgen a raíz de ello.

37. Utilice la técnica SCAMDER (Sustituir, Combinar, Adaptar, Modificar, Dar otro uso, Eliminar, Revertir). [64]

38. Pida a sus estudiantes que imaginen un problema que tenga que ser resuelto en la siguiente hora, de otra forma será el fin del mundo. ¿Cómo lo resolverían?

39. Motive a sus estudiantes para que creen nueva música combinando al menos tres diferentes estilos de música.

40. Dé a los estudiantes un examen que no tenga "respuestas correctas". Deje que la creatividad cuente.

41. Dé a los estudiantes un examen en el que estén solo las respuestas y califique lo interesante que pueden ser las preguntas que generen.

42. Pida a los estudiantes que escriban un ensayo basado completamente en el flujo de su conciencia o diálogo interno. ¿Qué notaron que no habían visto antes?

43. Pida a sus estudiantes que escojan una palabra al azar del diccionario y que creen algún tipo de expresión artística que lo represente.

---

64 Eberle, B. (2008). SCAMPER: Creative games and activities for imagination development. Waco, TX: Prufrock Press.

44. Dé a sus estudiantes una caja de cartón y pida que piensen en todas las formas en las que no es una caja. Comparta con sus estudiantes el libro *Not a Box* (No una Caja).[65]

45. Pida a sus estudiantes que escriban la peor idea en la que puedan pensar. Reparta las ideas y pídales que piensen en al menos tres cosas que les gustan de esa idea.

46. Pida a sus estudiantes que generen un nuevo alfabeto y traten de comunicarse utilizándolo.

47. Pida a los estudiantes que busquen soluciones en libros que no sean relevantes para el tema.

48. Pida a los estudiantes que actúen como las células y enzimas en sus cuerpos.

49. Organice un día de "Traer al abuelo a la escuela" en donde los estudiantes y sus abuelos trabajan en solucionar un problema juntos.

50. Prohíba escribir por un día. Los estudiantes sólo podrán comunicarse de forma visual.

---

65 Portis, A. (2011). Not a box. New York, NY: Harper Collins.

LENGUAJE PARA ROMPER Y EXTENDER LOS LÍMITES

- Ir más allá...
- Colorear fuera de las líneas.
- Pensar más allá de lo obvio.
- ¿Qué más?

> **PIDA A SUS ESTUDIANTES QUE ESCRIBAN LA PEOR IDEA EN LA QUE PUEDAN PENSAR. REPARTA LAS IDEAS Y PÍDALES QUE PIENSEN EN AL MENOS TRES COSAS QUE LES GUSTAN DE ESA IDEA."**

¿TIENE ALGUNAS OTRAS IDEAS PARA INTEGRAR "ROMPER Y EXTENDER LOS LÍMITES" EN SU PROGRAMA EDUCATIVO? SI ES ASÍ, ¡ESCRÍBALAS AQUÍ!

....

....

....

....

....

....

....

....

....

....

....

TOLERAR LA AMBIGÜEDAD

ACEPTAR LO DESCONOCIDO.

Piense la última vez que alguien le dijo, "¡Es una sorpresa!" ¿Cómo lo manejó? ¿A caso comenzó a investigar para encontrar más información al respecto? ¿Le estuvo pidiendo a diferentes personas por un poco de información, o simplemente aceptó lo desconocido y permitió que las cosas fueran como estaban planeadas?

Esta habilidad se trata de ser capaces de aceptar la incertidumbre. Muchos de nosotros nos sentimos incómodos cuando no sabemos qué es lo que va a pasar –las posibilidades son infinitas, lo cual puede resultar abrumador. De cualquier manera, enseñar a sus estudiantes a aceptar la incertidumbre puede elevar sus niveles de creatividad.[66] [67] [68] De hecho, estudios muestran

---

66 Barron, F., & Harrington, D. M. (1981). Creativity, intelligence, and personality. Annual Review of Psychology, 32, 439-476.
67 Golann, S. E. (1963). Psychological study of creativity. Psychological Bulletin, 60, 548-565.
68 Sternberg, R. J., & Lubart, T. I. (1995). Defying the crowd: Cultivating creativity in a culture of conformity. New York, NY: Free Press.

que la tolerancia a la ambigüedad alienta un trabajo efectivo en una variedad más amplia de problemas, así como la optimización del potencial creativo.[69]

Como maestros es nuestro objetivo empoderar a nuestros estudiantes para lograr tanto como ellos sean capaces. Al incorporar esta habilidad en las lecciones y el ambiente del salón, podemos elevar la auto-eficacia de nuestros estudiantes ,[70] así como su deseo por explorar lo nuevo, inusual o complejo.[71]

Las siguientes ideas resaltan la incorporación de la tolerancia a la ambigüedad en el programa educativo y el salón de clases.

SUGERENCIAS PARA TOLERAR LA AMBIGÜEDAD EN EL SALÓN DE CLASES

1. Recuerde a sus alumnos que usted no sabe todas las respuestas.

2. Premie a los estudiantes que compartan cómo

69 Vernon, P. E. (1970): Creativity: Selected readings. Harmondsworth, Middlesex, England: Penguin.
70 Wang, S., Zhang, X., & Martocchio, J. (2011). Thinking outside of the box when the box is missing: Role ambiguity and its linkage to creativity. Creativity Research Journal, 23(3), 211-221.
71 Urban, K. K. (2003). Toward a Componental Model of Creativity. In D. Ambrose, L. M. Cohen, & A.J. Tannenbaum (Eds.) Creative Intelligence: Toward Theoretic Integration. Cresskill, NJ: Hampton Press Inc.

abordan problemas ambiguos.

IDEAS QUE PUEDE IMPLEMENTAR RÁPIDAMENTE

3. Pida a sus estudiantes que toleren la ambigüedad de la lección, dé instrucciones vagas. Discuta al final de la clase cómo se sintieron, qué hicieron para tolerar la ambigüedad, y qué pueden hacer para mejorar.

4. Dé a los estudiantes información mínima y pídales que trabajen a través de la complejidad del contenido.

5. Ponga una silla cerca de la entrada del salón. ¿Será que los estudiantes la mueven, esperan en la entrada o la esquivan?

6. Quite las sillas del salón.

7. Organice un concurso o elección en el salón y espere una semana para revelar los resultados.

8. Tan pronto como comience la clase, comunique a sus estudiantes que es su responsabilidad aprender la lección del día. Ponga algunas notas en el pizarrón, pero no demasiadas. No provea más instrucciones o guía, ¡observe qué pasa!

9. Proyecte algún video de *Apollo 13* en el que la NASA esté resolviendo algún problema en el espacio utilizando sólo las herramientas que tienen en la nave.

10. Pida a sus estudiantes que trabajen en equipo para un proyecto específico y justo a la mitad de la sesión pídales que cambien de equipo para terminar el proyecto de otro grupo.

11. Desbarate algún objeto y tráigalo a clase. Pregunte a sus estudiantes qué es lo que las piezas formaban antes de ser separadas

12. Como clase, hagan una lista de cosas que no saben.

13. Cuando tenga proyectos de grupo asigne grupos o parejas de forma aleatoria

14. Finalice la clase con preguntas inquietantes para que los estudiantes se retiren preguntándose cuál es la respuesta y tengan que esperar al día siguiente para descubrirlas.

15. Vean el episodio de *Big Bang Theory* en donde Amy ayuda a Sheldon a lidiar con su problema de "cierre compulsivo": https://www.youtube.com/watch?v=t9Av2l4t0U4

16. Incorpore "Tubos Místicos" en su plan de lección: http://undsci.berkeley.edu/lessons/mystery_tubes.html

17. Pregunte a sus estudiantes, ¿Cuál sería el peor escenario? ¿Podrían vivir con ello?

18. Haga que sus estudiantes identifiquen sus niveles de certidumbre con respecto a diferentes hechos.

19. Pida a sus estudiantes que imaginen cómo se vería el problema si dejaran ir la certidumbre de ciertos hechos.

20. Aliente a sus estudiantes a que adivinen cuando no sepan la respuesta y que exploren las implicaciones si estas ideas fueran hechos reales.

21. Comparta con sus estudiantes que habrá una gran sorpresa la siguiente clase, pero no les diga de qué se trata.

22. Aliente a sus estudiantes para que inventen ideas sin preocuparse si podrán llevarlas a cabo.

23. Pida a sus estudiantes que generen la pregunta más ambigua que puedan pensar y luego que piensen cómo comenzarían a responderla.

24. Comparta un caso de estudio o ejemplo de cómo los

científicos comienzan con problemas ambiguos.

25. Asigne una actividad de armar rompecabezas sin darles la imagen que deben crear.

26. Organice karaoke con Power Point. Usted controla las diapositivas y su contenido conforme ellos van presentando el material. Ellos no conocen el contenido ni la secuencia de la presentación.

27. Dé a los estudiantes instrucciones para alguna actividad, pero deje algunas de las palabras en blanco.

28. Comparta con los estudiantes una gran bolsa llena de piezas Lego (o materiales reciclables o periódico) y pídales que construyan algo relacionado con la lección.

29. Durante el descanso jueguen con una pelota y vayan creando las reglas conforme juegan.

30. Reparta entre sus estudiantes un sobre con el contenido de la lección o curso, con la leyenda "No abrir" en la parte superior.

31. Coloque algunos objetos relacionados con la lección debajo de los asientos de los estudiantes y no

permita que los vean hasta el final de la lección.

32. Comience contando una historia y agende una llamada que le interrumpa, continúe la lección sin terminar la historia que estaba contando.

33. Coloque diferentes objetos en el salón de clases, pida a los estudiantes que no los toquen, no dé ninguna otra instrucción o explicación.

¡UN POCO MÁS DE IDEAS!

34. Asigne un pequeño proyecto con la instrucción de que el proyecto va a ser calificado, pero no de cómo será calificado. Presente este proyecto como algo divertido para que los alumnos no sientan pánico. Califique algo simple como: lo presentó con una sonrisa, utilizó color o lo entregó en tiempo, para que todos obtengan una buena calificación.

35. Pida a los estudiantes que creen esculturas con piedras en equilibrio y hagan predicciones de cuáles serán las que sobrevivan a una noche lluviosa.

36. Incorpore jardinería en el salón de clases. ¿Será que crecieron flores o frutos?

37. Personajes Ambiguos: Muestre a la clase un video de YouTube pausado con una persona en cuadro. Pídales que especulen con respecto a lo que podría suceder, qué voz o acento tiene el personaje y cualquier otra cosa que puedan añadir a la escena que observan. Al final, reproduzca el resto del video para revisar si sus ideas estaban cerca del video real. Repita esto varias veces con diferentes descripciones.

38. Juegue "20 Preguntas" con información correspondiente a la lección.

39. Juegue "El Juego de la Fortuna" con los nombres de personas o lugares de lecciones pasadas.

40. Ponga el nombre de diferentes personajes históricos en la espalda de sus estudiantes, y pídales que hagan preguntas hasta que adivinen qué personaje son.

41. Pida a sus estudiantes que compartan aquello de lo que sienten mayor incertidumbre. Hablen de qué pasaría si supieran que nunca tendrán certeza de ese tema.

42. Responda con cierta ambigüedad a todas las preguntas. Cuando los estudiantes lo noten, discuta con ellos la experiencia.

43. Organice un juego en donde existen diferentes ingredientes misteriosos en una canasta que los estudiantes tengan que utilizar para resolver un problema o diseñar un producto. Siempre hay un ingrediente o material que es complicado de utilizar.

44. Cambie cosas en el salón de clases cada mes –cambie los escritorios poniéndolos en posiciones diferentes, cambie la orientación del salón, añada diferentes elementos, etc.

45. Lleve a sus estudiantes a través de una historia o escena en donde usted elimina partes y observen cómo cambia dicha historia. De vez en vez, pregunte a los estudiantes cómo les hizo sentir.

46. Pida a sus estudiantes que inventen una tarea que considere un esfuerzo de por vida.

47. Enseñe una clase sin hablar –utilice solo diapositivas, el pizarrón, etc. La siguiente clase enseñe la tolerancia frente a la ambigüedad.

48. Deje un espacio en blanco en el plan de trabajo semestral/anual que comparte con los estudiantes, llámelo "Tolere la Ambigüedad", los estudiantes no sabrán todo lo que pasará en el curso.

49. Cuando estén trabajando en una asignación retadora, pida a los estudiantes que se detengan cuando lleguen a la mitad del progreso y pídales que tomen un respiro profundo y que piensen qué quieren hacer después.

50. Dé a los estudiantes regalos envueltos. Pídales que no los abran hasta el fin de la semana.

" CUANDO ESTÉN TRABAJANDO EN UNA ASIGNACIÓN RETADORA, PIDA A LOS ESTUDIANTES QUE SE DETENGAN CUANDO LLEGUEN A LA MITAD DEL PROGRESO Y PÍDALES QUE TOMEN UN RESPIRO PROFUNDO Y QUE PIENSEN QUÉ QUIEREN HACER DESPUÉS."

LENGUAJE PARA TOLERAR LA AMBIGÜEDAD

- Esperemos y observemos.
- Vamos a revisarlo sobre la marcha.
- ¿Qué es lo que no sabemos?
- Mantenerse abierto a las posibilidades.
- ¿Cómo resultará esto?

¿TIENE ALGUNAS OTRAS IDEAS PARA INTEGRAR "TOLERAR LA AMBIGÜEDAD" EN SU PROGRAMA EDUCATIVO? SI ES ASÍ, ¡ESCRÍBALAS AQUÍ!

....

....

....

....

....

....

....

....

....

....

....

PONER LAS IDEAS EN CONTEXTO

APLICAR LO QUE HA APRENDIDO.

Recuerde cuando era un estudiante. ¿Existía algún concepto que simplemente no podía comprender? El maestro trataba de explicarlo de diferentes maneras, pero nunca hizo sentido –hasta que el maestro decidió poner la idea o concepto en un contexto en el que hacía sentido para usted.

Esta habilidad trata de poner diferentes partes de experiencias en un panorama más amplio o relacionar los conceptos en diferentes formas para que hagan sentido. Está muy bien que aliente el pensamiento creativo en sus estudiantes –pero ellos al igual que todas las personas, tienen un deseo innato por entender el mundo que les rodea [72] y al añadir un contexto real a sus lecciones, usted estará alentando su creatividad y fortaleciendo su

---

72 Torrance, E.P., & Safter, H. T. (1999). Making the Creative Leap Beyond... Buffalo, NY: Creative Education Foundation Press.

motivación intrínseca. [72] [73] [74]

Como maestros, somos responsables de contribuir con la formación y enriquecimiento de las mentes del futuro, y para que esas mentes tengan genuinamente ideas creativas y un avance como raza humana, deben poseer la habilidad humana de poner ideas en contexto.[75]

No hemos enlistado ideas para poner ideas en contexto, en lugar de eso queremos preguntarle:

¿Cómo podría incorporar las habilidades y conceptos que compartimos en este libro en su salón y en su vida diaria? ¡Escriba las ideas que le surjan en la siguiente página!

¿Quiere extender su habilidad para poner la creatividad en contexto a través de (re)-diseñar su programa de estudios e incluir habilidades creativas? Eche un vistazo a nuestra página de Facebook para mayor información en el trabajo de nuestra colega Susan Keller-Mather. Ella nos muestra cómo integrar la creatividad en el contenido utilizando el Modelo de Incubación de Torrance.

---

73 Hoyt, K.B. (1975). Career education in transition: Trends and implications for the future. Columbus, OH: ERIC Clearing House on Adult, Career, and Vocational Education: National Center for Research in Vocational Education, Ohio State University.
74 Hoyt, (1989). The career status of women and minority persons: A 20-year retrospective. The Career Development Quarterly, 37(3), 202-212.
75 Fuller (1974). Intuition. In P.W. Garlan, M. Dunstari, & D.H. Pike (Eds.) Star sigh: Visions of the future. Englewood Cliffs, NJ: Prentice-Hall.

NOTAS:

....

....

....

....

....

....

....

....

....

....

....

....

ACERCA DE LAS AUTORAS

La Dra. Cyndi Burnett es Profesora Asociada en el Centro Internacional de Estudios en Creatividad en Buffalo State. Tiene una Licenciatura en Bellas Artes y Teatro, una Maestría en Creatividad, y un Doctorado en Educación en Currículo, Enseñanza y Aprendizaje, y todo lo ha puesto en servicio de su sueño que es "despertar la creatividad en todo el mundo". Sus intereses de investigación están enfocados en el uso de modelos y técnicas de creatividad con niños, pensamiento creativo en educación superior, y tendencias actuales de creatividad. Su trabajo incluye proyectos como: trabajar con educadores para integrar pensamiento creativo en el salón de clases, conectar comunidades de pensadores creativos a través de redes sociales, y diseñar y llevar a cabo un Curso Masivo Abierto en Línea (MOOC- Masive Online Open Course) en Creatividad de la Vida Diaria.

La Dra. Burnett fue mencionada en un artículo en el New York Times bajo el título de *"Creativity Becomes an Academic Discipline"* (La Creatividad Se Convierte en Una Disciplina Académica). Es la co-autora de la serie de libros *"Big*

Questions in Creativity" (Grandes Preguntas en Creatividad) y co-autora del libro *"My Sandwich is a Spaceship: Creative Thinking for Parents and Young Children"* (Mi sándwich es una Nave Espacial: Pensamiento Creativo para Padres y Niños).

Sitio Web: www.CyndiBurnett.com
Página de la Facultad: http://creativity.buffalostate.edu/faculty/cynthia-burnett
Curso Masivo Abierto en Línea (MOOC): https://es.coursera.org/learn/ignite-creativity
Curso en Línea Pensamiento Creativo en el Salón de Clases: https://www.udemy.com/the-creative-thinking-course-for-teachers/
Twitter: @CyndiBurnett
Facebook: https://www.facebook.com/cyndiaburnett/
Email: Cyndi.burnett@gmail.com

Julia Figliotti trabaja como Especialista en Creatividad en Knowinnovation –una compañía internacional de facilitación con un foco en innovación científica. Con una Licenciatura en Arte y Escritura y una Maestría en Ciencias de la Creatividad, se especializa en escritura académica y creación de historias. Ha sido publicada en National Public Radio, The Partnership for 21st Century Skills, Big Questions in Creativity 2014, y la revista Gargoyle. Los proyectos de Julia incluyen el co-diseño y administración de un Curso Masivo Abierto en Línea (MOOC) en Creatividad de la Vida Diaria y asistencia técnica en numerosos talleres de innovación.

Website: http://knowinnovation.com/our-team/julia-figliotti/
LinkedIn: https://www.linkedin.com/in/juliafigliotti
Email: julia.fligliotti@knowinnovation.com
Website: http://knowinnovation.com/our-team/julia-figliotti/
LinkedIn: https://www.linkedin.com/in/juliafigliotti
Email: julia.figliotti@knowinnovation.com